colección fábula / 285

A Carmen Muriel
Fernández,
muchas felicidades
y un fuerte
abrazo

[signature]
julio 99

Con la colección FÁBULA, Editorial Planeta se ha propuesto ofrecer al público los títulos más representativos, dentro del campo narrativo, de aquellos escritores que, frente al inmovilismo mental al uso, ofrecen un ejemplo constante de imaginación creadora y anticonvencional.

Tratado de las buenas maneras II

Alfonso Ussía
Tratado de las buenas maneras II

Ilustraciones de
Barca

Planeta

COLECCIÓN FÁBULA
Dirección: Rafael Borràs Betriu
Consejo de Redacción: María Teresa Arbó, Marcel Plans y Carlos Pujol

© Alfonso Ussía, 1994
© Editorial Planeta, S. A., 1994
   Córcega, 273-279, 08008 Barcelona (España)
Diseño colección de Hans Romberg
Ilustración cubierta: dibujo de Barca
Primera edición: mayo de 1994
Segunda edición: mayo de 1994
Tercera edición: junio de 1994
Cuarta edición: julio de 1994
Depósito Legal: B. 26.855-1994
ISBN 84-08-01147-2
Composición: Fotocomp/4, S. A.
Papel: Offset Munken Book, de Munkedals AB
Impresión: Duplex, S. A.
Encuadernación: Auxiliar Gráfica Jiro, S. A.
Printed in Spain - Impreso en España

Índice

Lección 1/No se esquía	9
Lección 2/Es «supernormal»	15
Lección 3/La divertida caridad	19
Lección 4/La ópera es un rollo	23
Lección 5/El teléfono musical	27
Lección 6/La madre, el chandal y el colegio	31
Lección 7/Moderar las muestras de amor	35
Lección 8/Expresiones merecedoras de la pena capital o, en su defecto, de una condena a perpetuidad en prisiones administradas por hitlerianos o estalinistas	39
Lección 9/¡Es un pillo!	41
Lección 10/La progre priva	45
Lección 11/Porcelanosa no es «bien»	49
Lección 12/Poco deporte	53
Lección 13/El virus «Vanessa»	57
Lección 14/Más «nueva cocina»	61
Lección 15/Alucinar en colores	67
Lección 16/«Mi señora ha roto aguas»	71
Lección 17/Al «híper»	75
Lección 18/Los motorolos del AVE	79
Lección 19/«¿Ha orinado su señora?»	85
Lección 20/No está bien que funcionen	89
Lección 21/¡Hola tío!, ¡Hola tía!	93
Lección 22/«Porfa»	95
Lección 23/En la playa	99
Lección 24/El equipaje de la playa	103
Lección 25/Majo y maja	107

Lección 26/Influencias foráneas
indignantes   111
Lección 27/El taco camuflado   121
Lección 28/Las fiestas de disfraces   125
Lección 29/Frases que se dicen con toda
naturalidad en detrimento de la
naturalidad   131
Lección 30/Los traductores   135
Lección 31/Los nervios son ordinarios   141
Lección 32/El conjunto parroquial   145
Lección 33/El Mercedes blanco   149
Lección 34/Vacaciones y Semana Santa   153
Lección 35/Ser normal no es nada fácil   161

Lección 1

NO SE ESQUÍA

Las aficiones de los reyes siempre han sido muy imitadas en España. Por fortuna no hemos tenido todavía reyes piragüistas, porque en tal caso todos nos estaríamos entrenando para el descenso del Sella. Una razón más para creer en la Monarquía. Por buen deportista que sea Su Majestad, un rey y una piragua son elementos reñidos. En las playas del Norte se da mucho el «chuloplayas» con piragua, que suele fallecer joven y, por lo normal, ahogado a pocos metros de la orilla. En su indispensable y magnífico *Libro del saber estar*, Pocholo Urdampilleta —gran escritor vasco de los albores del siglo— escribe textualmente: «Las jóvenes de nuestra sociedad tienen el deber de conocer los peligros del veraneo, y más concretamente, el peligro del navegante sobre piragua. El piragüista playero, musculoso y bronceado, baja muchos enteros en el invierno. Un hombre que se pasa el verano remando en una piragua no puede ser en el futuro un buen padre de familia, por razones que no son necesarias enumerar. Así que cuidadito con ellos, y muy especialmente con Sabino López Guecho, que veranea en Zarauz.»

La sabiduría de Pocholo Urdampilleta era producto de su experiencia vital. Un año antes de la publicación de su *Libro del saber estar*, un tal Sabino López Guecho, afanoso y estomagante piragüista, le había levantado a su novia, Arancha Bolufré, que era una nadadora confusa. Mientras Pocholo conversaba bajo la carpa con la madre de Arancha, doña Marisa, el malvado Sabino invitaba a la confusa nadadora a dar un paseo en la piragua. Y como era de esperar, quedó embarazada.

Pero, aunque salvados del piragüismo, el Rey ha metido a los españoles en los problemas del esquí alpino, que es el que se practica aunque uno se deslice por los Pirineos, el Sistema Central o los Dolomitas. El esquí alpino, o lo que es igual, el esquí de los Alpes, se practica de forma similar en los Alpes que en Sierra Nevada, lo que ya es una contradicción de principio. Hasta la fecha, los reyes de España habían sido siempre cazadores de gran tino y pericia, y gracias a ello, creció en nuestra

NO SE ESQUÍA!

patria la afición por el noble y difícil arte de la caza. Durante el régimen anterior, la elegancia social de la caza se mantuvo en alza, por motivos que no precisan análisis pormenorizados. Si algún colectivo —como se dice ahora— tiene sobrado derecho para considerarse perseguido por el franquismo, ése es el colectivo de las perdices. Un colectivo, por otra parte, con muy escaso poder de reacción.

Pero de golpe y porrazo, el Rey se manifiesta como un estupendo esquiador. Y todos se lanzan al deslizamiento sobre la nieve. Proliferan los comercios dedicados a las prendas y utensilios precisos para el disfrute del esquí, y las estaciones invernales españolas se convierten en lugares de común desasosiego. Porque no hay nada más desagradable, molesto, cansado, arriesgado y aburrido que esquiar.

El equipaje para esquiar no es admisible. Además de los elementos indispensables hay que añadir los del llamado *après-ski*, que son los que privan. Para pasar una semana en una estación invernal más o menos aceptada por la sociedad dominante, es necesario transportar unos diez metros cúbicos de equipaje por persona. Cuatro metros cúbicos para esquiar y los seis restantes para el *après-ski*, que es lo mismo que «después del esquí». La baronesa de Bellaforna, poco antes de escoñarse haciendo una cuña en las pistas de Baqueira Beret, había comentado lo siguiente a su compañero de telesilla: «A partir de las nueve de la noche estoy absolutamente libre.» Cuando el compañero de telesilla acudió para compartir su libertad fue informado, con la mayor naturalidad, de la contingencia que se especifica: «La señora baronesa no puede recibirle porque aún están intentando encontrar su pierna izquierda.» El esquí es así.

Por mucho y bien que los Reyes, el Príncipe y las Infantas esquíen, la práctica del esquí es muy dudosa en cuanto a su necesariedad. Sólo los traumatólogos son partidarios de ella e incentivan su afición. Un esquiador es siempre un cliente. O bien porque se pega una toña en el deslizamiento sobre la nieve, o bien porque se resbala en el *après-ski*, vestido de *après-ski* y se rompe los huesos de la mano o de una pierna porque no puede compaginar sus movimientos con la ropa del *après-ski*. El singular, sutil y conocido escritor malayo Sawan Apurtawalla acertó plenamente con su peculiar pregunta: ¿Se puede esquiar así como así? La respuesta es tan clara como contundente: No.

Lección 2

ES «SUPERNORMAL»

Para la gente joven de ahora, todo es «súper». Una persona muy divertida es «superdivertida», un asunto interesante es «superinteresante», un tipo más o menos tonto es «supergilipollas» y una gran ciudad es «superbonita». «Me encanta Londres porque es "superbonita"», le comentó la hija de un narcotraficante muy respetable al hijo de un estafador inmobiliario muy celebrado en la «jet-set». «A mí, en cambio, me gusta más París, porque es "supermonumental"», respondió el nene. «¿Os lo habéis pasado bien?», pregunta cualquier padre a una cualquiera de sus larvas recién llegada de un viaje organizado por el colegio. «Sí, papá, nos lo hemos pasado "supermogollón"», y todo queda dicho para mayor gloria de la expresión y la literatura.

Pero hay un término, muy al uso, que es una pura y lacerante contradicción. Una persona «normal», como se entiende en la jerga de hoy, es una persona simpática, equilibrada, sensata y responsable. «¿Qué tal es Fulanito?». «"Supernormal"», responde de inmediato el cuestionado. Y yo me pregunto: ¿Cómo va a ser normal una persona «supernormal»? Si es normal, no puede ser «súper», y si en efecto es «súper», esa persona no es nada normal. Lo que excede de la normalidad es ya anormalidad. No es que sea una cuestión de principios, sino un argumento sencillamente lógico.

Paseaba una mañana de invierno por la calle de Velázquez. De un portal salía una joven madre acompañada de su hija. El frío era mayúsculo y la hija se lo anunció a su madre de esta guisa: «Mami, más que "superfresqui" hace "superbiruji".» Me quedé mirando a la guarra de la niña con expresión prehomicida, pero supe controlarme. Una niña que dice «superfresqui» y «superbiruji» con total impunidad es muy probable que años después, en la boda de su mejor amiga, le arroje a la salida de la iglesia o del juzgado puñaditos de arroz. Y la persona que arroja a su mejor amiga puñaditos de arroz es exactamente igual de impresentable que la que aplaude cuando los novios parten la tarta.

Y una persona que aplaude cuando los novios parten la tarta es capaz de confesar sin rubor alguno que «suda mucho por las axilas». Y en este punto es cuando aparece el marqués de Moigny.

El marqués de Moigny fue el único aristócrata francés que recibió el perdón de la horda revolucionaria en el mismo patíbulo. Sucedió en París. La guillotina ya se había cepillado a su padre, el duque de Saint Truffé y a su hermano mayor, el conde de la Rue Gambetta-au Bord de la Mer. El vengativo e insaciable público que presenciaba con placer el descabezamiento de los nobles monárquicos advirtió en el marqués un detalle de marcado origen plebeyo. Su blanca camisa, debajo de los brazos, estaba literalmente empapada. «¡Es de los nuestros!», berreó una gorda que se hallaba en primera fila del espectáculo. «¡Le chorrea el sobaco!», gritó una segunda en demanda de perdón. El verdugo comprobó la veracidad de la cosa y enterado Robespierre de los acontecimientos firmó su indulto. «Un tío que suda de esta manera no puede ser noble», comentó mientras rubricaba la amnistía.

Se salvó gracias a sus «supersobacos».

Lección 3

LA DIVERTIDA CARIDAD

Antonio Mingote tiene en su casa un dibujo de Edgar Neville que supera la genialidad. En él aparece una señora de muy altas virtudes sentada en una butaca. Detrás de ella, de pie, andrajoso y descalzo, se asoma un pobre. El texto del dibujo es el siguiente: «Señora dotada de altas virtudes morales disponiéndose a ir a una procesión con su pobre favorito, que cumpliendo un voto de ella, irá descalzo.»
Álvaro de Laiglesia, el inolvidable director de *La Codorniz*, definía así cierto aspecto de lo que muchos confunden con la caridad. «Es sabido que practicar la caridad, además de contribuir a la obtención de una buena plaza en el otro mundo, ayuda mucho a matar el aburrimiento de las señoras ociosas. Tejer gorritos de dormir para niños que ni siquiera tienen cuna don-

de dormir no será muy práctico para los niños, pero resulta muy entretenido para las tejedoras.»

El presente capítulo no es fácil de escribir, porque la gente se enfada una barbaridad cuando le hacen cosquillas en sus puntos flacos. Está claro que hay obras benéficas magníficas y personas dedicadas a ellas sin interrupción con méritos indiscutibles. Pero también es verdad que, aprovechando las obras magníficas, hay muchos hombres y mujeres que se divierten un montón haciéndose los buenos. Quizá esta gente que utiliza el medio de la caridad para divertirse sea necesaria para alcanzar el fin previsto, pero no se pueden enfadar cuando se les dice que haciendo caridad se divierten como enanos.

Conozco a muy distinguidas señoras que se creen que por trabajar arduamente una semana al año, son buenísimas y van a ir al Cielo. Estas mismas señoras hacen auténticas maravillas para alcanzar su objetivo principal, que no es otro que salir fotografiadas ataviadas con hacendosos delantales en las páginas de *ABC*. Más de una ha llorado desconsolada por no coincidir con el fotógrafo, culpando al resto de sus compañeras del agravio sufrido. La caridad está muy bien siempre que se cumplan los principios básicos de la misma, y en concreto, el principal. Que tu mano derecha no se entere de lo que hace, trabaja

LA DIVERTIDA CARIDAD.

y da tu mano izquierda. Ese supuesto, en el montaje caritativo de la alta sociedad, es imposible. Y conozco a personas malísimas, aunténticos bichos, rebosantes de esnobismo e innecesariedad, que están convencidas de su grandeza moral porque dos veces al año se hinchan sus pies a causa del «enorme trabajo» que tienen en la «Tombolola», el bar Las Superguachis o el restaurante El Porompompero.

Dentro de esos tinglados de «caridad divertida» hay unas cuantas personas que trabajan de verdad todo el año, que siguen los objetivos y los resultados, que cumplen cristianamente con los principios de la caridad y que son fenomenales. Pero esas personas apenas figuran ni aparecen durante los días divertidísimos.

La marquesa de Foliflor colisionó frontalmente con la señora de López Fromage cuando ambas advirtieron en un puesto cercano al fotógrafo de *ABC*. De resultas del choque, que fue en extremo violento, la marquesa de Foliflor y la señora de López Fromage hubieron de ser ingresadas por contusiones múltiples. Ya en el hospital, de una camilla a otra, la marquesa le comentó a la de López: «¡Pobres niños! ¡Qué será de ellos sin nosotras!», a lo que respondió la de López Fromage: «Y que lo digas, Pichucha, porque mi puesto se ha quedado en manos de la idiota de Tutuca.»

La caridad.

Lección 4

LA ÓPERA ES UN ROLLO

El espectáculo de la ópera es realmente reprobable. Y desde que se inventaron los compact disc, mucho más reprobable aún. En casi todas las óperas hay unos quince o veinte minutos de gran inspiración musical y dos o tres horas de coñazo cantable. Como todo acontecimiento social de una época, la ópera ha perdido el sentido de la oportunidad, y hoy por hoy, carece de formalidad. Como dijo el agudo escritor ruso Wladimir Nakoviev, «la ópera es una cosa donde el tenor se quiere acostar con la soprano y el barítono nunca los deja». Y, en efecto, así es. El tenor se esfuerza, la soprano se deja seducir, ambos cantan al unísono bobadas como aperitivo del soñado polvete, y cuando los dos se ponen de acuerdo para abandonar el escenario en pos del acordado camastreo, llega el barítono o el bajo, que suele ser el padre de ella, y termina con el plan. La ópera es, por lo tanto, un «chirri-chirri» frustrado de muy difícil reparación, porque siempre se muere uno de los ansiosos. En resumen, que la ópera es una tontería.

Como acontecimiento social, la ópera nunca tuvo especial distinción. Un concierto de música sinfónica sí, pero no la ópera. Esta última aportaba relajos estéticos horteras. La burguesía catalana sabe mucho de eso, y hay que reconocer su alto sentido de la educación. Porque contemplar a Montserrat Caballé en el papel de «Madame Butterfly» y no mondarse de risa es digno de admiración y reconocimiento. La ópera es mediterránea, con Mozart como polizón del barco. Wagner no escribió óperas, sino auténticos culebrones interminables, y lo mejor está en sus oberturas. Además, hay «divas» que se tiran pedos en el escenario, y eso le quita al asunto bastante solemnidad.

Lo comentaba en Sevilla un inexperto y nada cultivado asistente a una representación operística, durante el primer descanso, según relató Antonio Burgos: «Mira, mami; como esto siga canta que te canta y no haya charlita, yo me voy.» Admirable y elegantísima postura de protesta.

La ópera no es elegante, ni distinguida, ni definitivamente constructiva. Los hay que creen que por acudir a sus representaciones son unos privilegiados. Según una estadística publicada recientemente por el Wienner Skernaben Institut, la mayoría de los abonados a la ópera de Viena fallecen inmersos en la demencia. El tenor italiano Stefano Rizzi, que falleció en plena representación de *Aida* como consecuencia de los gases aerofágicos de la soprano de turno, dejó escrito en su testamento: «Hijos míos; sed felices y no vayáis nunca a la ópera.» Admirable y sincerísimo Rizzi, gran intérprete del *Elissir d'amore* de Donizetti, de venta en compact disc.

Sólo es admisible la asistencia a una representación de ópera si se acude, como al circo, con la esperanza de que el león se coma al domador. Ir a la ópera con la ilusión de que el tenor o la soprano suelten un gallo espeluznante, es demostración clara de que uno pertenece a una buena familia. Desde que se inventó el compact disc y uno puede escuchar, mediante la pulsación de un botón, los diez minutos buenos de un rollo de tres horas, asistir a la ópera no tiene sentido.

Tampoco lo tenía antes de inventarse el compact disc, pero es que uno, a pesar de su carácter, sabe contenerse.

Lección 5

EL TELÉFONO MUSICAL

En despachos, compañías de seguros, hospitales y consultas de dentistas —por poner cuatro ejemplos—, se ha puesto de moda un mecanismo telefónico de lo más hortera que consiste en amenizar con piezas musicales la oreja del que llama. Sirva esta muestra para entender mejor el problema.

—¿Está el doctor Pérez Frotado?

—Un momento, ¿de parte de quién?

—De Alfonso Ussía, señorita.

—¿Del célebre y agudo escritor?

—Del mismo, señorita.

—Un momento, don Alfonso, que le voy a localizar.

En ese preciso instante, del otro lado del teléfono se escuchan nítidas y claras las notas de una pieza musical.

Así, cuando uno va metiéndose en la melodía y comienza a tararearla, se quiebra de golpe la armonía y se oye la voz de la amable secretaria.

—Don Alfonso, disculpe. El doctor tiene que estar por aquí pero no le localizo. ¿Es muy urgente?

—No, señorita, no se preocupe. Si es tan amable dígale que le he llamado.

—Un momento, don Alfonso. Voy a ver si está en el laboratorio.

—Gracias, señorita.

De nuevo, la oreja pegada al auricular se llena de música. Uno ya la acompaña con la voz abiertamente, sin titubeos ni cautelas. Cuando se llega al momento culminante de la canción, la secretaria interrumpe el concierto.

—Don Alfonso, efectivamente estaba en el laboratorio.

—Estupendo; ¿se va a poner?

—Está terminando de analizar un cultivo. Me ha dicho que cuando termine le llama inmediatamente.

—¿Me podría hacer un favor, señorita?

—El que usted diga, don Alfonso. ¡Cómo se va a poner mi madre cuando le cuente esta noche que he estado hablando con usted!

—Pues mire, señorita; por favor, no me cuelgue hasta que termine *La del manojo de rosas*, que me gusta mucho.

—Por supuesto, don Alfonso. Que usted lo disfrute.

—Gracias, señorita. Buenas tardes.

Lección 6

LA MADRE, EL CHANDAL Y EL COLEGIO

Los dramas de los niños son, en ocasiones, tragedias calladas. Yo sólo he renegado una vez de mi madre. Fue con ocasión de una ceremonia religiosa celebrada en mi colegio, cuando tenía trece años de edad. La edad del pavo, dicen, y la de la vergüenza ajena. Sonó el armonio de la capilla, y todos los concurrentes, alumnos y padres de alumnos, dedujimos por las notas iniciales que nos proponían cantar una Salve a la Virgen. Las voces se fundieron en un mismo acto de fe y los compases de la Salve invadieron gozosos el sagrado recinto. Pero de entre setecientas voces, una sobresalía por su agudeza. Era la de mi madre. Noté que mis compañeros sospechaban de mi drama. «Es la madre de los Ussía», se susurraban unos a otros con risitas disimuladas. A esto, la Salve había llegado al «*advocata nostra*», y mi señora madre, con muy escaso sentido de la discreción, había ascendido el tono de voz procediendo a un improvisado solo de muy complicada amnistía. Entonces mi compañero Eugenio Egoscozábal, un donostiarra maligno, que leía a Voltaire, Rousseau, Dalambert y Diderot, me dio la enhorabuena: «Tu madre canta muy bien.» «Mi madre no ha venido», le respondí, como el peor de los hijos. «¡Ah, bueno!», comentó, como quitándole importancia a la cosa. Y consumado el acto de la negación, supe hasta qué punto se alzaba mi indignación. Porque madre sólo hay una, y la mía, en particular, es inmejorable. Excepto cantando en la capilla de un colegio con Egoscozábal como testigo.

El problema de los niños de ahora es de otra índole. Los más desgraciados son aquellos cuyos padres intervienen de manera entusiasta en las reuniones de padres de alumnos y en la organización de los festejos colegiales. Los niños son como son y no hay forma de hacerles ver que no son como son. Un niño se desentiende de la profesión de su padre con especial desprecio. Sea abogado, ingeniero, factor de RENFE o dueño de un garaje, el niño siempre se enorgullece de su padre. Igual de su madre en cualquier circunstancia. Pero si el padre es el encargado de organizar la tómbola de la fiesta colegial y la madre es inducida a aportar un número indeterminado de tartas

VILLAR, TU MADRE TE ESPERA CON UN CHANDAL...!

para la merienda, el niño sufre. Y sufre en silencio, lo que es más doloroso.

Lo peor para los colegiales de hoy es que su madre vaya a recogerlos con chandal. «Villar, tu madre te está esperando en la puerta con un chandal carmesí», le anunció a Villar un compañero de malísima intención. «Villar, nos encanta el chandal de tu madre y es muy original lo que lleva escrito sobre las tetas», le comentó otro compañero, peor intencionado que el anterior. «¿Se puede saber qué lleva mi madre escrito sobre las tetas?», protestó Villar. «I Love NY», concretó un tercero. Y Villar, aquel año, suspendió cuatro asignaturas. Y me parecen pocas.

Un niño normal prefiere dormir en el colegio a que su madre, o su padre, le recojan con un chandal. Si además de chandal tienen la falta de pudor de saberse de memoria los nombres y apellidos de los compañeros de su hijo, el hijo se desmorona anímicamente. Para los niños, el colegio es un mundo aparte que nada tiene que ver con su existencia normal. Los padres activos, además de unos pelmazos, conducen a sus hijos a la orilla del abismo. Un padre y una madre sólo pueden ir al colegio de sus hijos cuando las circunstancias así lo requieran.

En caso de incendio, por ejemplo. Y sin hacerse notar, por si acaso.

Lección 7

MODERAR LAS MUESTRAS DE AMOR

De espectáculo bochornoso y no apto para las personas normales se puede calificar el que ofrecen gratuitamente muchos matrimonios o parejas estables que públicamente se hacen carantoñas y demuestran su amor. La felicidad de un matrimonio alcanza cotas de impudicia e indecencia inimaginables cuando se plantea fuera del ámbito privado. En cierta ocasión, y por razones de conveniencia —conveniencia mía, claro—, me vi obligado a invitar a una pareja de éstas, tan tremendas. El marido, antes de sentarse a la mesa, me hizo la siguiente petición: «Alfonso, siéntame al lado de mi mujer Chochi porque no puedo estar separado de ella.» Mi reacción fue altamente violenta, no sólo por su extraña petición, sino por estar enamorado y no poder separarse de una guarra llamada

Chochi. Afortunadamente, la tal Chochi, cuyo aspecto encajaba perfectamente con su apodo, no se apellidaba Coñete, circunstancia que nada habría tenido de casual. «Nada de eso —le respondí—; tú te sientas donde te corresponde, que es precisamente en el lugar más lejano al de Chochi.» «Entonces nos vamos», me amenazó él. «Pues os vais, marranos.» Y se fueron.

En el *Tratado de las buenas maneras I*, el autor —me encanta llamarme a mí mismo «el autor»— demuestra hasta qué punto es una ordinariez darle teta a un recién nacido delante de la gente, en la vía pública, en un banco de cualquier parque o en la mesa de una cafetería. Pues al lado de una carantoña matrimonial, dar de mamar en público es un gesto de buen gusto. Llamarse o dirigirse al cónyuge con el remoquete de «mi amor», «amor mío», «cariño», «cielo», «mi rey», «mi reina», «gordito» o «chiquitita» no es de recibo. Si se llega a los términos «pitufilla» o «campeón», la ordinariez se convierte en delito y puede ser denunciada ante los tribunales de Justicia. Lo malo es que, en plena declaración ante su señoría, llame la mujer del juez y le diga, más o menos, lo que sigue: *"Gordito"*, hoy es tu cumpleaños y vienen todos a comer. No tardes *"campeón"*.» Y es que la Justicia no se sabe nunca por dónde va a salir.

El amor, pasados los años de la lógica pasión física, es sosiego y cariño acumulado. Pitigrilli definió al amor conyugal de forma magistral: «El amor es un beso, dos besos, tres besos, cuatro besos, cinco besos, cuatro besos, tres besos, dos besos, un beso...» John Barrymore era aún menos optimista: «El amor es el intervalo entre encontrar a una mujer encantadora y descubrir que se parece a un bacalao.» Y Manzoni no creía en el amor por ningún lado: «De amor hay, haciendo un cálculo moderado, seiscientas veces más del necesario para garantizar la conservación de nuestra considerable especie.» Todo muy bonito, pero sincero o fingido, lo único que puede ser el amor es discreto.

Porque todas esas parejas que después de varios años de vida en común se hacen zalemas y carantoñas en público sólo demuestran una cosa. Que además de ser unos cursis insoportables, se odian.

Lección 8

EXPRESIONES MERECEDORAS DE LA PENA CAPITAL O, EN SU DEFECTO, DE UNA CONDENA A PERPETUIDAD EN PRISIONES ADMINISTRADAS POR HITLERIANOS O ESTALINISTAS

Que lo pases «guachi» en el «finde»: Que lo pases bien en el fin de semana.

Me mola el «jogging» en la «urba»: Me gusta correr en la urbanización.

¡Hasta lueguete! o *¡Hasta lueguito!*: ¡Hasta luego!

Abrazote monstruo: Un fuerte abrazo.

Me alucina el marrón que tienes: Me sorprende tu mal humor.

Mamá se caga contigo: Le caes muy bien a mi madre.

¡Venga!: ¡Hala!, o ¡de acuerdo! o ¿de verdad? o ¿cómo va a ser eso posible?

No te tires el moco: No mientas o no presumas.

No me viene bien porque estoy sin Manila: No me viene bien porque estoy sin servicio.

Ponte las pilas: No te duermas o ¡reacciona!

Vamos a llamar a un «pelas»: Vamos a llamar a un taxi.

Nos mola «mogollón»: Nos apetece mucho.

Papá es un cachondo alucinante: (Su padre tiene que ser un gilipollas.)

¡Guau!: ¡Qué bien!
¡Nnnoooo!: ¿De verdad?
¡Nnnoooo!: ¿Qué lástima?
¡Nnnoooo!: ¡No me lo creo!
¡Nnnoooo!: ¿Me lo juras?

Lección 9

¡ES UN PILLO!

En esta vida se puede ser todo, menos un pillo. Tampoco, por supuesto, un pillejo o un pillastre. Si un padre o una madre pronuncian la frase «mi hijo es un pillejo», hay que quitarles la tutela del niño y encomendársela a un centro especializado. Si el hijo en lugar de un pillejo es un pillastre, hay que retirarle la pensión a la abuela, y si es simplemente, pero con todas las consecuencias, un pillo, hay que ingresarle en un centro especializado, retirar la pensión a la abuela y pegar una patada en el culo a los padres. Porque un niño «pillo», o «pillejo» o «pillastre» o «pillín», sólo puede ser hijo de unos padres «picarones», y unos padres «picarones» van los sábados en chandal al «súper» o al «híper» a comprar almejas chilenas, «que están en oferta», aunque luego no se coman.

«Tu renacuajo es un pillastre», le comentó una señora con zapatos de tacón, chandal violeta y abrigo de visón a otra señora con zapatos de tacón, chandal rosa y abrigo de nutria mientras compraban el periódico el domingo por la mañana. «Y tu pitufo no se queda atrás», le respondió la segunda, sonriendo con más encías que dientes. «Es que los cominos de ahora saben latín», confirmó una tercera hortera con zapatos de tacón, chandal verde y abrigo de leopardo. «A ver si organizamos pronto una barbacoa para que se hagan amigos, porque lo mejor es que se junten con chavales de su clase», anunció la primera. «O una paella», terció la segunda. «O una sardinada», comentó la tercera, que era la más ordinaria de las tres, si es que había posibilidad de destacar en la cutrería común, o sea, en su compartida baja clase.

En las urbanizaciones —las «urbas»— cercanas a la capital del Reino proliferan los domingos por la mañana ejemplares de esta especie que no está, por desgracia, en peligro de extinción, sino más bien lo contrario. Son las madres de los pillos, los pillejos y los pillastres, ya sean estos últimos chavales, cominos, renacuajos, pitufos o críos.

«Es que tu crío es precioso.»

Herodes no era de fiar, pero tenía cier-

¡ES UN PILLO!

ta categoría social. Herodes no intentó acabar con el Niño Jesús por los motivos que cuentan los Santos Evangelios. Sucedió que una pastora llegó hasta palacio, pidió audiencia con el rey, éste, que no tenía nada que hacer, la recibió y se desarrolló la conversación que a renglón seguido transcribo:

HERODES.—¿Qué pasa en Belén que hay tanto ajetreo?

PASTORA.—Que ha nacido el Hijo de Dios.

HERODES.—¿Y qué tal es?

PASTORA.—Es un crío precioso.

Y Herodes, claro, reaccionó. Muy malamente, pero reaccionó. Y en ese aspecto, su reacción se comprende.

Lección 10

LO PROGRE PRIVA

Para triunfar hay que ser «progre». El término amputado «progre» equivale a «retro», porque así lo ha demostrado la Historia, la sociedad, la economía y la política. Ser un «progre» es lo más fácil del mundo y su modo de acceder a tan fundamental definición carece de importancia. Dentro de los «progres», destacan los que se amparan en su dictatorial síntesis llevados de su fracaso vital. El más ridículo es el «progre bien», que suele ser un personaje que no hace nada bien, que ha tenido todas las oportunidades para hacer algo bien, que se camulla la mar de bien en sus despreciables ancestros conservadores, que desprecia sus opiniones, que desprestigia sus esperanzas, que termina sentado en un retrete pagado por sus desprestigios, y que definitivamente, para demostrar que es un auténtico revolucionario, adquiere un disco de Sabina y defiende que Echanove es mucho mejor actor que Silvester Stallone, lo cual, aun pudiendo ser cierto, no se sostiene. El «progre» español es maduro, inseguro, tendente a la barba, derivado al pantalón vaquero de marca, reflexivo en el mensaje coñazo, y absolutamente incapaz de agenciarse un duro por sus propios méritos. La sociedad española, alta, media o baja, está saturada de «progres» que se unen definitivamente en el sabor de su fracaso.

—Como dice Whitman —proclama un «progre».

—El corzo no traslada la síntesis —añade otro.

—Pero Rilke se fue entre seis paréntesis —recalca el tercero.

—Y Keats se hizo nostalgia —dice el más divertido.

—Hay que defender la insumisión —certifica el más joven.

—Pero Rilke se fue entre seis paréntesis —insiste el tercero, al que todos estiman como el más «avanzado».

Y se lo creen.

Ser «progre» es tirado cuando se pertenece a una clase social y económica acostumbrada a la holgura. Ser «retro» es lo mismo, porque un «progre» no puede dejar de ser «retro» y viceversa. Pero cultu-

¡VIVA LA REVOLUCION, PAPI!

ralmente queda muy bien. Los condes marxistas tienen mucho éxito y los hijos de señores ricos recordando a Lenin desquician al propio Lenin. Estos personajes, cuando crecen y alcanzan el principio de la madurez a los sesenta años, derivan hacia la poesía existencialista. La verdad es que son bastante tontos, además de unos frescos.

—Papá, ¿me prestas diez mil pesetas?
—Sí, hijo, tómalas.
—Papá, ¿estás de acuerdo con el Servicio militar?
—Sí, hijo, sí.
—Yo no, papá; odio el uso de las armas.
—De acuerdo, hijo.
—Eres un fascista, papá.
—Lo que tú digas, hijo.
—Volveré a la hora, papá.
—Buenas noches, hijo.
—¡Viva la Revolución, papi!
—¡Viva, hijo!, y no te retrases.
Y no se retrasa.

Lección 11

PORCELANOSA NO ES «BIEN»

Los cuartos de baño y la cocina forman parte de la expresión más íntima de las casas. Con estas cursilerías de la «nueva cocina», gracias a la cual el más inepto de los aficionados a la culinaria puede salir airoso de un trance con el kiwi y los pimientos de Piquillo, se ha puesto de moda invitar a cenar en las cocinas. «Es como más cálido, más hogareño, porque somos más "nosotros"», suelen decir los ordinarios, por mucho más «ellos» que sean, que me parece muy bien, por otro lado. Pero presumir de los azulejos nunca ha sido un ejemplo de distinción. Y anunciarlos posando con una sonrisa, mucho menos.

De un tiempo a esta parte, la gente con un poso de dignidad que se construye una casa o se lanza a renovar su cocina o cuartos de baño acostumbra a advertirle al encargado de las obras: «Pero que los azulejos no sean de Porcelanosa.» Simultáneamente, en las casas más horteras y reñidas con la distinción, la exigencia es la contraria: «Queremos que los azulejos sean de Porcelanosa, como los de Isabel Preysler.»

En efecto, parece ser que los azulejos de los dieciséis cuartos de baño de «Villa Meona» son de Porcelanosa. Eso ha conseguido en esta horterísima España que sólo lee revistas del corazón, que el azulejo sea una parte importante de sus vidas. No se le niega méritos en este *Tratado* a la beneficiaria del asunto, auténtica perforadora de los principios básicos de la discreción, y por ende, de la elegancia.

Nacida en la colonial ciudad de Manila y envidiosa de los tres mil pares de zapatos de la tía Imelda Marcos, aterrizó en la metrópoli para matrimoniar con algún braguetamen de tronío. El primer impulso no fue válido, mas sí espectacular. Se cantaba en Filipinas:

La madre la manda a España,
la niña extiende la red,
el ruiseñor cae en ella
¡Y están contentos los tres!

Todavía no había llegado lo de los azulejos. La gente en España no se fijaba en cuestión tan innecesaria. Fue cuando el ruiseñor voló con alguna pluma de menos.

*La niña quiere casarse,
la madre quiere un marqués,
el marqués quiere a una china
¡Y están contentos los tres!*

España vivía todavía ajena al problema de los cuartos de baño, alicatados o no, hasta el techo. Pero el *¡Hola!* se vendía cada día más y la popularidad de la chica de los azulejos ascendía como un globo de González Green. Y el azulejo empezó a terminar con el socialismo imperante.

*La madre insiste en casarla,
la china quiere a Boyer,
Boyer ya es lector del* ¡Hola!
¡Y están contentos los tres!

Y ahora, en las clases no altas, por culpa de estas bobadas, lo primero que preguntan las tenebrosas visitas cuando acuden por primera vez a una casa es: «¿Son de Porcelanosa?» «Sí —responde con orgullo la horterilla—. Como los de Isabel.»

Situación dramática que invito a regatear a mis lectores. Los azulejos de Porcelanosa equivalen a «llevar gabán», ponerse zapatos de rejilla, tener un doberman que muerde al dueño, hacer barbacoas los fines de semana o «sudar demasiado por las axilas».

Cuidadito con los azulejos.

Lección 12

POCO DEPORTE

Lo más peligroso para la salud y la elegante flexibilidad de los movimientos es el deporte. Entiendo que así, de golpe, estas revelaciones pueden producir asombro. Es de esperar que produzcan asombro y no sofoco, pues en el segundo supuesto el lector debe abandonar inmediatamente la idea de continuar leyendo este libro. Sofocarse, «enojarse» y alicatar hasta el techo el cuarto de baño de los «chavales» con azulejos de Porcelanosa es lo mismo. No quiero decir con esto que «todos» los deportes son peligrosos y contraindicados con las buenas maneras. El croquet cuenta con todas mis simpatías. Se pasea, se agiliza el ritmo de las muñecas, se domina el tono del golpe en la bola, se agudiza la pericia, y se desarrollan dos músculos de la espalda, cuya denominación y función ignoro, como es de esperar. Nada peor que sentir el latigazo de un tirón muscular y que la persona de al lado comente: «A Rubén John se le ha desgarrado levemente el bíceps.» Eso nunca. Ni se juega a nada con un individuo llamado Rubén John ni el bíceps se desgarra «levemente». La localización especializada del daño es muy propia de deportistas. Una persona con la pierna escayolada que dice «me he roto una pierna» es una persona bien. Si anuncia a la humanidad que «se ha fracturado el peroné» se trata de un deportista de muy difícil recuperación social. Porque «fracturarse el peroné» y acudir a «la consulta del estomatólogo» en lugar de «ir al dentista», es una misma cosa. Ya en la consulta del «estomatólogo», puede sentir «deseos de hacer de vientre», preguntar a la enfermera por la ubicación del «váter» o «servicio» y encontrarse «como en casa» porque éste presenta un alicatado hasta el techo con azulejos de Porcelanosa. «Precioso váter», le diría al dentista después de la operación. «Es que mi señora es muy detallista», respondería el sacamuelas.

El deporte es admisible y recomendable durante un limitado espacio de la juventud —excepto el croquet, que se puede practicar hasta los setenta y pico años—, y siempre que no se llegue a un exceso de competitividad. Se empieza ganando a un

ANDY BELLA RUINA, JUGÓ UNA PARTIDA DE "CROQUET"...

amigo y se termina con la madre en los graderíos de Melbourne, como los Sánchez Vicario y doña Marisa. Porque el deportista afanoso y competitivo que abandona sus entrenamientos —en Cataluña dicen «entrenos», nadie sabe por qué— cambia súbitamente de aspecto y envejece sobremanera. Con el croquet no existe ese problema. Se puede dejar de jugar al croquet durante veinte años, y retornar a la pradera con el mismo aspecto de cuando se abandonó. «Es sorprendente», comentarán muchos de ustedes en voz alta al leer esta divulgación. Y en efecto, lo es.

Andrés Casandrajosa, marqués de Bella Ruina, se vio obligado a abandonar la práctica del croquet cuando vendió su hermosa mansión solariega «Villa Decadencia», sita en los alrededores de Santoña. Veinte años después del triste acontecimiento, y con motivo de un festejo familiar, en casa de su primo Falele, Andrés Casandrajosa, también conocido como «Andy Bella Ruina», jugó una partida de croquet como si los años no hubieran pasado por él. «¡Bravo, Andy! ¡Fennnomennnal!», le comentó su prima Zuzú, sinceramente entusiasmada.

Deporte pues, lo justito y bien medido. El ejemplo de los Sánchez Vicario es lo suficientemente acertado como para no insistir más en el asunto.

Lección 13

EL VIRUS «VANESSA»

Todo empezó con Vanessa. Y la culpable fue Vanessa Redgrave, protagonista de aquel rollo de Antonioni, *Blow up* que encandiló al gilipolleo progresista y existencial de los años sesenta. Desde aquellos tiempos a nuestros días, el virus «Vanessa» ha hecho estragos en las clases más populares, gracias a los culebrones y las películas. El futuro de España está en manos de Jonathanes, Vanessas, Alexis, Sheilas, Cassandras, Jennifers y Abigails. La influencia del cine es tan grande que los registros se han convertido en notarías de la cursilería nacional. Cuando se estrenó la película *Bailando con lobos* los niños se llamaron «Kevin», en honor a Kevin Costner. Con anterioridad, y en recuerdo a Mozart, la moda se inclinó por «Amadeus», y menos mal que la cinta ceñía su título en el segundo nombre del genio, pues en caso contrario, en España proliferarían los «Wolfgang», y ese nombre se pronuncia con mucha dificultad incluso en Austria.

Después de la boda del príncipe de Gales con lady Diana Spencer, innumerables niñas fueron registradas como «Ladidí», y entre los nombres de puro sabor venezolano privaron las combinaciones con «Kenneth». Diálogo en Almendralejo, por localizarlo en un lugar determinado:

—¿Habéis visto a Kenneth Miguel?

—Sí, iba con Kenneth Ambrosio a buscar a Kenneth Luis, porque han quedado a las diez en casa de Kenneth Ramón.

El devastador «virus Vanessa» ha hecho estragos en España. Hasta la alta Castilla, templo de la tradición y la austeridad, se ha rendido a las Tiffanys, las Yaniras, los Orson y los Óscar Rubén. En una reciente comparecencia pública, y tras corresponder a las cerradas ovaciones de rigor, tuve el honor de dedicar un libro a un joven gallego que se llamaba Harald Porriño. «¿Por qué lo de Harald?», le pregunté. «Porque mi madre, que lee mucho el ¡Hola! es muy aficionada al rey de Noruega.» Siempre se aprende. Hay aficiones rarísimas.

La plaga no encuentra freno, ni dique, ni muro de contención. Se extiende y devora las viejas y distinguidas raíces de un pueblo que siempre se ha llamado José, Juana, Pedro, María y hasta Cojoncio. Los grandes culpables son las revistas del corazón, los culebrones, la televisión y los ordinarios de los padres. Esto no tiene remedio. Por ello, y como medida cautelar de defensa, propongo a través de este *Tratado* un proyecto de ley que diga más o menos lo siguiente. «Todos aquellos ciudadanos con nombre similar o parejo a la relación subsiguiente tienen sobrado derecho a matar a sus padres sin motivo aparente alguno. Y harán muy bien.»

RELACIÓN DE NOMBRES CUYOS PORTADORES TIENEN SOBRADO DERECHO, Y HARÁN MUY BIEN, DE MATAR A LOS CURSIS DE SUS PADRES:

Vanessa, Ladidí, Alexis Jesús, Kenneth Ramón, Tamara, Kevin, John, Tiffanys, Thania, Janelle, Jeanette, Wilmarie, Hildred, Sulián, Constitución, Amnistía, Merelys, Yanira, Zuleika, Idalis, Ámbar Cristal, Melania, Noelia, Zulma Yarelis, Anaida, Yolimar, Sara Wauleska, Sissi, Natacha, Desiré, Wilbur, Eddel, y sobre todo, Mark.

Una cuestión de principios innegociable.

Lección 14

MÁS «NUEVA COCINA»

No hay cursilería comparable. La llamada «nueva cocina» es una desdicha de carácter nacional. Hay críticos gastronómicos y personas de dudosos intereses que defienden su existencia. La «nueva cocina» es una estafa monumental que unos cursis convencidos asumen como víctimas con el mayor orgullo. «Señora, como plato del día tenemos unos alerones de golondrina paquistaní con eneldo y kiwis de Arosa con salsa de arándanos del huerto de la tía Nekane.» «Muy bien —responde la señora—. Me inclino por los alerones de golondrina, pero si es posible me gustarían con salsa de melocotes tibios de la huerta de la abuela Icíar.» «Muy bien, señora —acepta el *maître*—; ya sabe que está en su casa.» Y la ordinaria de la foca se queda encantada.

La estafa es una delicia. Por una porquería más o menos bien redactada se cobra una cantidad astronómica. Un ejemplo sin vuelta de hoja. La Cofradía de la Buena Mesa —a la que pertenezco, al menos hasta la publicación de este libro— celebró su ágape mensual en el conocido restaurante madrileño El Amparo. La cosa se llevó a cabo el día 15 de marzo de 1994. El menú era el siguiente, y juro ante los Sagrados Evangelios que lo transcribo con conciencia de notario.

Menú

La crema de trufa con bogavante a la patatita de Álava y su mini ensalada a la vinagreta de coral.
Verduras de temporada con láminas de bacalao al estilo «Martín».
Foie-gras caliente con manitas de cerdo sobre costra de cebollitas y patata.
La mousse y crema helada de mamia con crujiente de nuez vasca y jalea ligera de manzana reineta de Lasarte.

Analicemos la sobrecogedora cursilería. Aun aceptando que la crema de trufa con bogavante no constituya un delito de alta traición, ¿por qué se hace responsable del atropello a la pobre e indefensa «patatita» de Álava? ¿Qué culpa de ello tiene la «mini ensalada a la vinagreta de coral»?

TENEMOS ALERONES DE GOLONDRINA PAKISTANÍ...

¿Desde cuándo el coral produce vinagreta? ¿Se puede condimentar el delicioso bodrio con patatitas de otro lugar? ¿Se acepta la patatita desarrollada, o lo que es igual, la patata? ¿Quién es «Martín», por mucho estilo que tenga para estropear unas verduras de temporada con láminas de bacalao? ¿Qué foie-gras, caliente o frío, admite compartir su triste destino con unas manitas de cerdo sobre un asco de costra de cebollitas y patata? Reparen que aquí no sirve para nada la patatita de Álava, sino la patata hecha y derecha. Aquí lo fundamental es la cebollita. Y ahora viene lo peor. ¿Hay algún imbécil que se crea que la mousse y crema helada de mamia con crujiente de nuez vasca y jalea ligera de manzana reineta de Lasarte responde plenamente al origen que se le atribuye? Además de una chorrada de mezcla, ¿qué tiene la nuez vasca de especial? Y aun asumiendo las excelentes condiciones de la nuez vasca, ¿quién garantiza que la jalea ligera de manzana reineta sea de manzanas reinetas de Lasarte? En Lasarte, efectivamente, hay huertos y manzanos, pero lo más importante del referido lugar son dos complejos decididamente opuestos a la jalea de la manzana reineta. Me refiero al hipódromo y a la fábrica de jabones «lagarto», que seguramente se hacen con las sobras de las manzanas reinetas que devuelven del Amparo.

Las personas que contribuyen a esta descomunal horterada no pueden andar por la vida con la cabeza alta. De ahí a desayunar «café del Caroní con bollo de leche de la leche de mi prima Miren al quesito de Idiazábal sobre costra de panecillo hecho a mano por tío Pruden en horno del caserío de Mondragón», hay sólo un paso.

Desconfíen de la «nueva cocina», de sus hacedores y consumidores. Desconfíen del dueño de un restaurante que se define a sí mismo como «restaurador». Los restauradores, hasta la fecha, lo han sido de cuadros, objetos de arte y muebles. Desconfíen de los pimientos de Piquillo, de los kiwis, del eneldo, del pastel de cabracho o crabarroca, de la vinagreta de coral, de la patatita de Álava, de la manzana reineta de Lasarte y del culo de percebe macho al tuétano de ternera de Villacastín. Desconfíen de todo lo que huela a fundamento de factura para enriquecerse a costa de unos cuantos cursis.

Y no termino con un «que aprovechen» porque tal cosa es una ordinariez. Pero les deseo la mayor felicidad comiendo lo de siempre.

Lección 15

ALUCINAR EN COLORES

En el primer volumen del *Tratado de las buenas maneras*, se hacía referencia a esa extraña facilidad que tiene la juventud —y la que no es juventud— de hoy para «alucinar» con cualquier cosa. He conocido a individuos de ambos sexos que han estimado «alucinantes» objetos tan poco alucinantes como un cenicero y un contenedor callejero de recogida de vidrios. Pero las modas siempre van a más, y como la gente insiste en que todo es alucinante, y «alucinante» en sí es de muy complicada superación, se ha establecido una nueva variante que, efectivamente, aumenta la expresividad del mal llamado «alucine». Y esta variante consiste en «alucinar en colores». «El otro día vi por la calle a tu fotocopia y aluciné en colores.» La traducción no es otra que «el otro día vi por la calle a tu hermano y me encantó». «¿Has leído el último libro de Frandiski?» «Sí, y me ha parecido alucinante.» «¿Sólo alucinante?», pregunta el curioso interesado en la reciente obra de Frandiski. «Bueno, hay una parte que alucinas en colores.» «Ah», y se queda tranquilo. Porque «alucinante» a secas ha dejado de ser alucinante.

El matiz es muy importante. «Alucinar mogollón» o «alucinar un huevo» es simplemente alucinar con un leve ingrediente descriptivo. «Alucinar en colores» es alucinar a lo bestia, o lo que es igual, ser más tonto que los que sólo alucinan «mogollón», «un huevo» o en blanco y negro. «Lo que pasa en Yugoslavia es alucinante», ha declarado una conocida modelo muy solidaria con los horrores de la guerra. Y tiene razón.

Todo es «alucinante» pero casi nadie sabe el significado del término. La alucinación —que no «alucine»— es la acción de alucinar o alucinarse. Alucinar o alucinarse es la sensación subjetiva que no va precedida de impresión en los sentidos. El alucinado es por lo tanto —por lo tanto y porque así lo dice la Real Academia Española— el trastornado, el ido, el sin razón. ¿Puede ser un cenicero un trastornado? ¿Es admisible que la gente pierda la razón por un jersey? «Te gusta este jersey.» «Sí, es alucinante.»

Así, y para que se enteren de una vez, toda aquella persona de su entorno que «alucine» a secas, o alucine un mogollón, o alucine un huevo, o alucine en colores precisa de un urgente tratamiento siquiátrico en un centro sito fuera del casco urbano. Y si es posible, que lo es, con médicos malos.

Lección 16

«MI SEÑORA HA ROTO AGUAS»

En los hospitales donde nacen los niños —y donde a veces los matan— surgen efímeras amistades desde la confraternización que se respira en toda sala de espera de un centro sanitario. El grado de confianza que se adquiere es absoluto y la familiaridad con la que se tratan personas que nunca se han visto, y probablemente —y a Dios gracias— jamás se van a volver a ver, es de una indecencia que asusta. El parto simultáneo une mucho. Los dos padres, las dos madres de ellas, las dos madres de ellos, los padres de todos y hasta los hermanitos mayores de las dos criaturas que luchan por nacer en esos momentos intiman hasta unos niveles altamente repugnantes. Cada vez que se abre la puerta de acceso a los quirófanos, todos acuden al unísono en pos de novedades. En ese punto y momento, una enfermera reclama la presencia de uno de los padres en trance y le comunica algo en voz queda. Éste, inmediatamente se vuelve, busca con la mirada al colega de parto, y con la voz quebrada por la emoción le anuncia solemnemente: «Mi señora ha roto aguas.» «¡Enhorabuena!», exclaman los miembros de la otra familia mientras la madre de la que ha roto aguas suelta unas lagrimitas de impaciencia. «Le deseo que su señora rompa aguas lo más pronto posible», le dice el marido de la rompedora al esposo de la seca mientras le pasa un brazo por encima del hombro.

Pero he aquí que la parturienta acuífera pierde su ventaja adquirida, y la seca en un santiamén rompe aguas y expulsa a la criatura en un tiempo récord de coordinación y eficacia. Otra enfermera sale y comunica el acontecimiento. «Ha sido un niño.» «¡Un nene!», berrean los de la familia B, que no esperaban tan rápido desenlace. «La mía va a ser una nenita», comenta el de la familia A, experto en ecografías. «Ha sido una niña», anuncia otra enfermera. Y entonces, todos se ponen a llorar, se abrazan, se besan, se dan mutuamente la enhorabuena, se estrechan la mano y quedan para celebrar juntos la primera comunión —la «comunión»— de los mamoncetes siete años después.

¡MI SEÑORA HA ROTO AGUAS!

Las personas normales no hablan con desconocidos y menos aún en salas de espera hospitalarias. Las personas normales no exteriorizan sus sentimientos, porque la educación no es otra cosa que el dominio de los impulsos en beneficio de la estética. Las personas normales no dicen «nene» o «nena», porque antes de pronunciar semejante ordinariez prefieren que el bebé no nazca. Y las personas normales no piensan en «la comunión» hasta el día de la primera comunión, por razones de práctica y equilibrio.

Lo malo es que esos niños recién nacidos, que no tienen culpa de nada, cuando crecen se convierten en espejos de sus padres y sus abuelos, y son tan ordinarios como los que le precedieron en su matojo genealógico. Y antes de tener un hijo esas cosas hay que pensarlas.

Lección 17

AL «HÍPER»

Es el plan cumbre de la semana, el «planazo», como dirían los que al hablar parecen tener un huevo en la boca. El supermercado, o lo que es igual, el «súper» o el «híper», es el gran escenario del chandal sabatino o dominical. Se conoce al experto en «híper» por la forma de empujar el carrito. Hay auténticos fitipaldis del carrito. Él lo lleva y ella va llenándolo de toda clase de productos. No faltan, por supuesto, los utensilios y viandas indispensables para la barbacoa, como el carbón vegetal, de gran aceptación en nuestros días. «Cariño, no te olvides del carbón vegetal», le recuerda el marido. «No te preocupes, gordo —le tranquiliza ella mientras entierra las latas de almejas chilenas, en oferta, con varias bolsas de carbón vegetal—. Las salchichas holandesas están saliendo muy sabrosas últimamente», asegura ella, gran conocedora de la evolución de las salchichas holandesas. «Sí, pero las alemanas me merecen más confianza», apunta él, tajante. «Lo que tú quieras, gordo», cede ella. «No cariño; si tú crees que las holandesas vienen mejor últimamente, nos quedamos con las holandesas», concede él.

Los «chandalosos» de «híper» colindante con urbanización de lujo se fijan mucho en las marcas de los productos. Hace años, invitado por un matrimonio de muy reciente y floreciente riqueza terrenal, fui puntualmente informado del origen y marca de todos los comestibles que se ofrecieron como aperitivo. «Alfonso, no dejes de probar las almejas, que son Cuca», me recomendó la señora —malísima, por cierto— de la casa. «Prefiero un poco de atún», advertí. «Cómelo tranquilamente, porque es de Massó.» «Los que están increíbles son los mejillones de Alfageme», anunció el nuevo rico. «Y las aceitunas rellenas El Serpis no te las dejes, porque están ''reguachis''», dijo la hija con un aliento de anchoa que tiraba para atrás. «¿Quieres un berberecho Albo?» «No, gracias», respondí gravemente en un intento vano de disimular un eructillo de bonito en escabeche La goleta. «Pues tú te lo pierdes», comentó el calzonazos mientras rociaba los berberechos con un limón El Sol de la

Huerta, según rezaba su etiqueta. «¿Está bueno el limón?», pregunté con intención perversa. «Buenísimo —confirmó la ordinaria abriendo la boca y enseñando unos enormes dientes manchados de chipirones en su tinta La Gaviota—. El limón es del Sol de la Huerta, y para mí es una garantía.»

Entonces me fui.

Lección 18

LOS MOTOROLOS DEL AVE

El AVE Madrid-Sevilla y viceversa ha sido conquistado por la peligrosísima y hortera tribu de los indios motorolos, según el conocido científico y aventurero Antonio Burgos, habitual usuario de la cosa. El motorolo *(homo sapiens inalambricus)* ocupa normalmente el setenta por ciento del territorio del AVE en los espacios reservados a las clases «club» y «preferente». Gracias a ellos, el restante treinta por ciento de los viajeros se entera de cómo les van los negocios, qué citas tienen concertadas y cómo se suceden sus problemas sentimentales. Porque la característica más acusada del motorolo es que le importa un pimiento, aunque sea de Piquillo, que el conjunto de la humanidad se entere de sus gozos y desdichas. Es más, le gusta.

En mi última visita al AVE me embarqué en la estación de Atocha para que éste, a trescientos kilómetros de velocidad y entre motorolos al tutiplén, me transportara hasta Sevilla. En el vagón, diecisiete viajeros, nueve de ellos motorolos. A mi lado, una joven y hermosa mujer de la tribu con la tristeza reflejada en la expresión. A pocos kilómetros de Madrid, su teléfono inalámbrico avisó una llamada. Era su novio —o su «tronco» (repugnante término)—, sin lugar a dudas. Nada le importaba mi presencia, y la conversación adquiría tonos y tintes dramáticos. La despedida fue brusca. Mi vecina de asiento contemplaba el paisaje sin poner acento en la mirada. De improviso, sacó su portátil del bolso y pulsó las teclas con decisión. La conversación duró —Toledo en el horizonte de estribor, océano de campos—, hasta Ciudad Real. La situación había mejorado y no todo estaba perdido. Entonces se repitió la llamada. Era él. «Te repito que eso es mentira», gritaba ella a mi lado, con todo el pasaje del vagón volcado a su favor. De nuevo los nubarrones, la mirada rota, los labios firmes y apretados, y el mentón tembloroso. Estuve a punto de ofrecerle mi consuelo, pero no me atreví. Los indios motorolos tienen reacciones muy raritas.

De Puertollano a Córdoba, la grandeza del paisaje bronco de la serranía. En esta ocasión llamó ella. «De acuerdo, tú me per-

¡TE QUIERO MUCHÍSIMO, ARTURO!

donas y yo te perdono. Te quiero.» Respiré hondo, satisfecho y feliz. Se habían perdonado mutuamente cuando el AVE transcurría entre barrancos bravos, cumbres de venados y caminos de Curro Jiménez. Entre sus muslos, como una tentación de voz amada, descansaba el teléfono portátil. Llamó ella, Córdoba a la vista, ya superadas las dehesas de encinas orgullosas. «Te quiero muchísimo, Arturo.» Y Córdoba que entraba hacia nosotros. Pero el tal Arturo no estaba tolerante ni comprensivo, porque ella, después del esfuerzo y tras berrear un «¡No te aguanto más!», dio por finalizada la sesión cordobesa.

Ya las tierras abiertas de transición a la Baja Andalucía, con el sol clavado en los motorolos que viajaban a babor. Otra llamada. Era él. De nuevo la luz y la esperanza. «Sí, mi amor, de acuerdo totalmente, vale, venga, guay, pero me ha dolido un mogollón que hayas dudado de mí.» Y es que, vale, venga, guay, no se puede dudar de una mujer que lo más que puede hacer es acostarse con su motorola.

De golpe, milagro blanco, las afueras de Sevilla. El amor había triunfado. Otro motorolo, ya incorporado y mientras recogía sus pertenencias, hablaba a voz en grito con su secretaria: «Pero, ¿cómo es eso de que nos han devuelto la letra? Llame a Fresneda inmediatamente y que lo aclare, y cuando lo tenga usted aclarado, me llama al hotel y me lo dice. Y respecto a la factura que no hemos pagado del modisto de mi mujer, no se preocupe. Dele largas. Nos hacemos los longuis y a tomar por saco.» Porque al motorolo no sólo no le importa que nos enteremos los demás de sus asuntos, sino que además suele ser un perfecto sinvergüenza modelo V Centenario del Descubrimiento.

El inalámbrico sólo es aceptable en el coche y sin que se note demasiado. En otras situaciones, no es admisible.

Lección 19

«¿HA ORINADO SU SEÑORA?»

Volvemos a los pasillos de los hospitales. La primera impresión de un visitante poco asiduo a las plantas hospitalarias es que todos los enfermos están paseando por los pasillos. No son los enfermos. Son los familiares de los enfermos, acompañantes de los pacientes, que nada más llegar al sanatorio se ponen una bata y unas zapatillas y toman por asalto el *hall*, la cafetería y la sala de espera como si de su ordinaria casa se tratara. Esa familiaridad con las dependencias del hospital les procura un sinfín de oportunidades de conocer y tratar a otros individuos de su condición y especie. «Es una lástima que haya fallecido su esposo, porque le voy a echar a usted mucho de menos», le dijo la mujer de un operado de próstata a la esposa de un intervenido del riñón con posteriores complicaciones, y que la acababa de palmar.

La bata y las zapatillas crean vínculos inimaginables. «¿Ha orinado su señora?» «Sí; por fin "lo hemos" conseguido.» «¿Cómo era la orina?» «Bastante oscura, muy cargada, pero ya sabe usted que con la anestesia siempre ocurre lo mismo.» «Le deseo que orine claro cuanto antes.» «Muchísimas gracias. Y a propósito, ¿su señora ha hecho ya alguna deposición?» «Todavía no, pero no me preocupa porque a ella le cuesta mucho hacer de vientre.» «Si le hace falta ayuda, ya sabe dónde me tiene, en la 456.» «Lo mismo le digo, en la 427 tiene usted su casa.»

Ponerse «cómodo» en un hospital cuando se acompaña a un enfermo no tiene pase. Es mucho más conveniente que la comodidad se oriente al enfermo, que suele estar fastidiado. Las batas y las zapatillas para los acompañantes deberían estar prohibidas por el Ministerio de Sanidad, e incluso, por el Ministerio de Cultura, cuando no el de Educación. El enfermo necesita tranquilidad y confianza para superar el trance de un régimen postoperatorio. Un paciente recién intervenido de una cadera resiste todo, hasta una segunda operación. Pero no la visión terrible y casera de su cónyuge dando vueltas por el cuarto como si de un oso polar se tratase. El paciente prefiere ver a una enfermera que a un familiar, como el propietario de una vivienda en llamas se inclina descaradamente por un bombero en perjuicio de su mujer.

> *Al hombre que yo más quiero*
> *cuando se incendia mi casa*
> *es al jefe de bomberos.*

Y eso no lo dijo un cualquiera. Lo dijo un poeta. Y lo dijo con un convencimiento y una sinceridad admirables. Así que ya lo saben. En los hospitales, sólo los enfermos tienen permitida la comodidad. Los acompañantes que se aguanten. Y que cada uno «orine» o «deponga» sin publicidad por los pasillos.

Lección 20

NO ESTÁ BIEN QUE FUNCIONEN

La prueba es definitiva. En una casa como Dios manda los mecheros de mesa no deben funcionar excepto si acaban de recibirse como regalo. En tal caso, los dueños de la casa se tienen que disculpar con el invitado o visitante. «Perdona que el mechero funcione, pero es que nos lo regalaron hace una semana y todavía tiene gas.» Los mecheros de mesa, cuando pierden definitivamente el gas, o la piedra o lo que precisen para encenderse y llamear, no deben ser objeto de repuestos. Desconfíen de las casas donde los mecheros de mesa sean fieles a su cometido. En los hogares «bien», los mecheros siempre están sobre las mesas con estoico sentido de la inutilidad. Una señora que recarga con gas un mechero de mesa es muy capaz de llamar «pillín» a su marido cuando éste, viendo una película en la televisión y ante la aparición de una escena más o menos subida de tono, guiña un ojo. «Te he pillado, pillín», dice ella mientras enciende un cigarrillo con el mechero de mesa que funciona a la perfección.

Una casa con mecheros de mesa dispuestos al encendido entra de lleno en el apartado de «alta precaución». Don Lorenzo Pirrot de Framás, conocido industrial de Baqueira Beret, y al que todos los mecheros de mesa le funcionaban gracias al celo de su joven esposa Montse Moixernons de Pirrot de Framás, falleció incinerado por causa de un Ronson de plata recién rellenado y que al ser accionado por su dueño despidió una llamarada de tres metros de altitud, que tras hacer añicos las cejas de don Lorenzo, continuó con su vocación quemándole el batín de seda. Porque se me había olvidado advertirles que los individuos que encienden sus cigarrillos con mecheros de mesa llegan a casa y se ponen batines de seda.

Como ejemplo contrario sirva el del conde de Castillo Alzado, elegantísimo sujeto al que su tía amnésica, la duquesa de Ambarclaro, siempre regala por Navidad un mechero de mesa. Después de cincuenta navidades en común, ninguno de los cincuenta mecheros se enciende al accionarlos. Es más; el lógico patricio, nada más

PUTUFÚ CASTILLO ALZADO...

recibirlos, los inutiliza mediante artimañas manuales para que nadie se llame a posteriores engaños. La duquesa de Ambarclaro se lo comentaba hace poco a su amiga la marquesa de Fiebrelonga: «Estoy deseando que llegue la Navidad para regalar a mi sobrino Putufú Castillo Alzado un mechero de mesa ideal que he visto en un escaparate de la calle de Gurtubay.» Pero dijo «mechero», no «encendedor».

Pronunciar «encendedor» es inaceptable. Un «encendedor» es un señor que enciende las pasiones. Con un señor, por mucho que se le frote, no se consigue una llama, si exceptuamos la del amor. Los cigarrillos o pitillos se encienden con mecheros, no con encendedores. Gracias a este pequeño detalle, Putufú Castillo Alzado no ha matado todavía a su tía, Kokó Ambarclaro, de quien espera, en fecha no muy lejana, heredar toda su fortuna.

¡Adelante en la lucha, Putufú!

Lección 21

¡HOLA TÍO!, ¡HOLA TÍA!

En mi niñez, no tan lejana como algunos creen, los tíos y las tías eran unos parientes, ciertos o fingidos, más o menos respetados por su condición de parentesco o edad. Hoy, el tío o la tía son precisamente lo contrario. Tío y tía son todos, sin excepción, y tío o tía, se llaman entre todos, aunque se conozcan o no. «¿Qué te ha parecido el último «elepé» de Tarzán y su puta madre buscan piso en Alcobendas?» «De puta madre, tío»; porque la expresión «de puta madre» es un elogio inconmensurable, con tío o sin tío. «Pues te advierto que Bobby es un tío de puta madre.» «Ya lo sabía, tía.» «Pues eso, tío, no te pases.»

«Me molesta tu jeta, tío.» «Pues pasa de ella, tía.» «Es que me encabrona, tío.» «Explícate, tía.» «No tengo nada que explicarte, tío.», «Me alucinas en marrón, tía.» «Pareces maricón, tío.» «Y tú idiota, tía.» «¿Nos vamos tío?» «De acuerdo, tía.» «Eres un marrano, tío.» «Y tú una guarra, tía.» «Pero te quiero mogollón, tío.» «Y yo a ti, tía.» «Me creía que estabas gilipollas, tío.» «Es que alucinas, tía.» «Lo que más me jode de ti es lo tonto que eres, tío.» «Y a mí, lo zorra que puedes ser, tía.» «Te comería ahora, tío.» «Y yo a ti, tía.» «Pues ponte las pilas, tío.» «Las llevo puestas, tía.» «Y te vas a poner lo otro, tío.» «A pelo, tía.» «¡Qué cabrón eres, tío!» «Y tú que puta, tía.»

Y el hecho es que se adoran.

Lección 22

«PORFA»

Uso éste más femenino que masculino, más colegial que universitario y más pijillo que «progre». En cualquier caso, deleznable. Siguiendo la lógica natural, si el «por favor» se convierte en «porfa», el subsiguiente agradecimiento, o lo que es igual, las «gracias» se concretarían en un simple y monosílabo «gra». «¿Me das un pito, porfa?» «Sí, tía.» «"Gra".»

Quien dice «porfa», pronuncia de igual manera y con la falta de ética lingüística que se da por segura, «guay», «guachi» o «superguachi». Los matices entre «guay», «guachi» y «superguachi» son secretos y pertenecen a sus exclamadores. Lo mismo que «me mola mogollón» o «me mola cantidad». «¿Me das un pito, porfa?» «Sí, tía.» «"Gra".» «¿Te mola?» «Me mola mogollón.» «¿Está guachi?» «¡Superguachi, tía!» «¡Guay!» Una conversación muy instructiva y académica entre dos niñas de trece años que acaban de aprobar con notable el examen de literatura española.

Asimismo, quien dice «porfa», al referirse al cumpleaños de cualquiera de sus amigas, lo resume en «cumple». El «cumple» es sagrado y no hay disculpa que valga y que perdone una inasistencia. El «cumple» es lo máximo, y su celebración determina el nivel de amistad de la protagonista con sus amigas. Se han dado casos terribles que de sólo recordarlos, la más dura sensibilidad tiembla. Por ejemplo, el caso de la abuela Florinda.

La abuela Florinda llevaba varios meses con la salud más que delicada. Más o menos como el cardenal Pla y Daniel, que tras convalecer de una enfermedad fue abordado por un reportero que le preguntó: «¿Sigue Su Eminencia estando mala?» «Sí, hijo, sí, todavía estoy bastante pachucha», respondió el cardenal. Pues la abuela Florinda, que estaba pachucha, de la noche a la mañana falleció.

Conchi Gladys era la nieta preferida —la «prefe»— de la abuela Florinda. También era la alumna preferida de la profesora de matemáticas —la «prefe» de la «profe»—, y por supuesto, la amiga preferida de la pandilla —la «prefe» de la «pandi»—. Los padres de Conchi Gladys estaban consternados, sobre todo la madre,

ME DAS UN PITO, PORFA?

Loli Cristal, natural de Caracas. Loli Cristal y su madre Florinda aterrizaron en España y tuvieron la suerte de conocer a Pietro Bamboglia, un atractivo gángster siciliano que triunfaba en la sociedad de Madrid porque financiaba a los socialistas. Desde que se vieron por primera vez fueron dos corazones que latieron al unísono. Más que dos corazones, tres corazones, porque la abuela Florinda se quedó prendada del atractivo maleante, y la abuela era la abuela.

Fruto de aquella apasionada unión de tres nació Conchi Gladys, que desde muy niña se trató con lo mejor de Madrid. La muerte de la abuela Florinda supuso un durísimo golpe para Conchi Gladys, que estuvo varias horas sin recuperarse del impacto emocional. «Nenita, cariño —le anunció su padre, el gángster, con esa dulzura que sólo tienen los gángsters con sus hijas—, mañana por la tarde es el funeral por "lalita Florinda" y espero que vayan todas tus amigas.» A Conchi Gladys se le pasó de golpe el impacto emocional. «No papi; al funeral por "lalita Florinda" no vendrán mis amigas, porque yo tampoco voy a ir.» «¿Y por qué?», preguntó el mafioso escandalizado. «Porque es el "cumple" de Adriana.»

La historia es tremenda, pero verídica. Todavía tiemblo cuando la narro.

Lección 23

EN LA PLAYA

En la playa se pueden hacer muy pocas cosas. Lo mejor de la playa es la sombra, pero esta afirmación tiene muchos detractores. Aceptando, muy a regañadientes, que tomar el sol se pueda considerar un hábito dentro de la normalidad, hay que ser inflexibles con los que aprovechan la playa para hacer deporte. Si yo fuera ministro del Interior ordenaría la inmediata detención de los pelmazos que se creen que una playa es un estadio olímpico. Los deportes playeros intolerables son, de más a menos, los siguientes:

1.º El tenis con palas.
2.º El tenis con raquetas de plástico.
3.º El footing o jogging por la orilla.
4.º El llamado planting, o deslizamiento sobre una plancha por encima de las olas.

5.º El windsurfing o navegación individual a vela sobre un artefacto que inevitablemente se escora y atiza con su palo la cabeza de los incautos bañistas.

6.º El fútbol playero, de ordinariez suma.

7.º El badminton, o en su defecto, el balón volea.

En lo que respecta a las diferentes modalidades de tenis, la más extendida es la de palas. Las palas de tenis son parecidas a las de frontón, si bien algo más anchas y de menor grosor. La idiotez del juego consiste en lanzar una pelota al contrario y que éste la devuelva sin que la pelotita de marras bote en el suelo. Así se pueden pasar horas y horas molestando a la concurrencia y propinando unos bolazos a las personas que toman el sol —por ese lado, lo merecen—, de padre y muy señor mío.

El llamado footing o jogging playero, que no es otra cosa que correr por la orilla del mar, es altamente molesto para el prójimo. Se practica mucho por el clero en vacaciones. El atleta no repara en que el chapoteo que origina su ímpetu salpica a los restantes paseantes, a los que rocían los muslos de agua y arena. El corredor de playa, preferentemente masculino, suele ser de piernas cortas y musculosas y pelo en pecho. También es frecuente la especie con pelos sobre los hombros, y menos habitual, aunque existente, la de corredor con perro detrás. Esta última reúne los mayores inconvenientes. Además de salpicar con su chapoteo al prójimo, va acompañado de un perro, normalmente mordedor, que ataca a los niños. Se han dado casos verdaderamente espeluznantes también con víctimas adultas.

En la playa de Oyambre, cercana a Comillas, allá en la zona más despoblada a la izquierda, según se mira al norte, tomaba el sol completamente desnudo un confiado ciudadano danés. Por la orilla corría fatigosamente un individuo con perro detrás. El perro, aburrido de tanto ejercicio y apercibido de la presencia yacente del coqueto ciudadano danés, acudió a olisquearle. El nórdico, dormido, no reparó en la contingencia, y el perro se afanó en demostrar una decidida curiosidad hacia la fuchinguilla del escandinavo. Por alguna razón aún no determinada, el nudista despertó sobresaltado y se encontró en posición de decúbito prono —o porno—, totalmente en bolas y con la chistorra en trance de ser devorada. Aterrorizado por el presente, y sobre todo, por su futuro, el danés ululó de angustia, se incorporó y se dirigió a gran velocidad, perseguido por el perro, hacia la orilla. Se ahogó pocos minutos después. El corredor y propietario del can, al serle notificada la terrible noticia, comentó fríamente mientras se secaba el sudor con una toalla malva y carmesí: «Si hubiera permanecido quieto y con un "bañador"(ver *Tratado de las buenas maneras I*), no habría sucedido nada.»

Sólo hay un ejercicio playero peor aún que cualquier deporte. Se trata de construir castillos de arena. Un padre que se dedica a construir castillos en la arena para que sus hijos disfruten de la bobada, muy probablemente y durante el invierno, asistirá a las reuniones de antiguos alumnos de su colegio. En las playas, si no hay sombra, se puede estar al sol, y por consiguiente —aunque se escape a mi entendimiento—, bañarse. Pero nunca hacer deporte, y menos, construir castillos de arena. Además de inútil, es sumamente arriesgado. En las playas del Norte se producen todos los veranos situaciones irremediables, que rompen familias. Un constructor de castillos no ceja en su empeño hasta dar por terminada su obra, sin darse cuenta de que la marea sube. Muchos padres han desaparecido llevados por la corriente cuando intentaban serrar las últimas almenas del torreón principal. Por un lado, muy triste y lamentable. Por el otro, bastante consolador. En invierno, menos asistentes a las reuniones de antiguos alumnos. Y algo es algo.

Lección 24

EL EQUIPAJE DE LA PLAYA

La playa es un medio, no un fin. Ir a la playa, dentro de lo que cabe —que cabe poco— no puede equipararse a una mudanza. Al paso que vamos, algunas familias se verán obligadas a contratar camiones de mudanza para llevar las cosas que se han hecho indispensables para un día de puñetera playa. En este punto recuerdo que ir a la playa con traje de baño es correcto y que hacerlo con «bañador» es una inmoralidad, amén de una horterada. «Tu "bañador" es alucinante, Edelweiss.» «Sí; es "guay", "gra".» «¿Me lo prestas, porfa?» «Mañana, ¿vale?» «¡Vale!» «Vale.»

Aunque resulte muy antipático por mi parte, debo confesar que las playas se estropean por culpa de la clase media. Entiendo que esta afirmación puede ser interpretada de forma errónea y tacharme de clasista. Nada de eso. La validez del fácil argumento se desmorona cuando es evidente y demostrable mi nula afición por las playas. «Este señorito de pan pringado quiere que las playas no sean del pueblo», dirá la ordinaria de turno. Nada de eso. Si el pueblo quiere las playas, que las ocupe inmediatamente. Pero ello no agrieta mi argumento fundamental. El pueblo, que es la clase media, tiene sobrado derecho de ocupar las playas, atiborrarlas de objetos inútiles, padecer sus consecuencias y disfrutar de las cagarrutas ajenas mientras nada, y hace muy bien en manifestar su firme propósito de no enmendarse. Pero es justo reconocer que antes, cuando el pueblo no había descubierto sus horrores, las playas eran mucho más agradables.

Ante todo y sobre todo, porque la clase alta no se mudaba a la playa, simplemente iba. No amortizaba la playa, la asumía. No se pasaba el día en la playa; la pisaba sólo unas horas. Las relaciones playa-sociedad eran mucho más fluidas en tiempos del reinado de Alfonso XIII que ahora. Las playas de hoy no tienen nada que ver con las de antes, siendo las mismas y bañadas por semejantes y empecinadas olas.

En la clase alta —que no es siempre la dominante, como aseguran los demagogos—, se sigue observando con disciplina y rigor el cumplimiento de la digestión.

EL EQUIPAJE DE LA PLAYA...

«Los pobres no saben lo que es la digestión, y por eso se ahogan», dijo Lolo Camprubí, que hacía cinco horas de digestión y se bañaba con «flota» —nunca flotador—, por si acaso. La gente ahora no hace la digestión, y por eso se ahoga con una facilidad pasmosa. La playa, además, sólo es admisible por la mañana, nunca en el post meridium. La playa vespertina es un invento de amortización estival, muy cutre por cierto.

«¡Alexis Jesús! ¡Te he dicho "cienes y cienes" de veces que no te bañes por lo jondo, so maricón!» Eso no se escuchaba antes en las playas conocidas. Todo el resultante de la amortización estival, de las torres de apartamentos, del veraneo contratado es demoledor para el playerío. Y encima están los equipajes, las cestas de la comida, el cubo de los hielos, los platos y cubiertos desechables, el cocodrilo hinchable del desobediente de Alexis Jesús y las marsupias de papi y mami con capacidad inimaginable de almacenamiento.

«Mami, me ha venido la regla.» «No te preocupes, Hortensita, que aquí tengo unas Evax con alas que ni se notan, ni molestan, ni traspasan.» Y la playa hecha un asco.

Lección 25

MAJO Y MAJA

Exceptuando el uso aragonés del término en su vertiente cariñosa y a las «Majas» de Goya —igual la vestida que la desnuda—, los calificativos de «majo» y «maja» están a un paso del desprestigio total. Lo mismo que un jardín no puede ser «interesante» ni «divertido», un coche no tiene ningún derecho de ser «majo». «Mira qué automóvil más majo me he comprado», le dijo a su mejor amigo Ceferino Cuto, alias *Cefe*, propietario del Gran Salón Chateaubriand —bodas, bautizos, «comuniones» y banquetes—, de Villanueva de la Angustia, mientras le mostraba su nuevo Mercedes de color blanco. Un coche no puede ser majo, como tampoco un trabajo —«me he agenciado un trabajillo muy majo»—; un niño o niña —«es una nena de lo más maja»—, o un aparato de televisión —«es el televisor más majo de toda la gama»—. Insisto en que, excepto en Aragón, y por aquello del respeto a la tradición y las costumbres, lo «majo» derrumba.

Y si «majo» no es admisible, qué decir de «majete». «Bonito chalet, Cefe.» «Sí, es muy majete.» «Las escaleras son preciosas.» «Sí, son majísimas.» «Y muy práctica la barbacoa de obra en el porche.» «Es que organizamos unas barbacoas muy majas los domingos.» «Impresionante el bar del salón principal.» «Sí, ha quedado majo, pero hubiera preferido la barra más recogidita.» «De todas formas, es muy íntima.» «Sí, pero más recogidita sería más maja.» «Enhorabuena, Cefe.» «Gracias, majo.»

Y lo peor, «majote». Se permite la agresión a traición contra todo aquel ciudadano o ciudadana que se atreva a calificar algo como «majote». «Su hijo ha sacado muy buenas notas.» «Muchas gracias, profesor.» «No me las dé a mí; el chaval es muy trabajador y de lo más majote.» «¿Y qué hacemos con él, profesor?» «Pues matarle como Dios manda.»

Porque a un hijo «majote» hay que quitárselo de encima antes de que sea demasiado tarde. Y entiendo que puedo parecer intransigente, pero la vida es, en ocasiones, un negro calvario que hemos de superar. Un hijo «majote» se convierte en un joven «machote», y un joven «machote», cinco años después, es un gilipollas. Y se puede ser un gilipollas a secas, pero no un gilipollas ordinario. La mezcla es explosiva.

LECCIÓN 26

INFLUENCIAS FORÁNEAS
INDIGNANTES

Aerobic: Una idiotez de frenético ejercicio que practican las gordas para que se forre Jane Fonda, que es flaquísima.

Aggiornamento: Fuera de Italia, cursilísima expresión que equivale a decir que hay que ponerse al día, con lo fácil que es ponerse al día sin necesidad del «aggiornamento». Este término lo utilizan aquellos que han estado más de seis días seguidos en Roma.

À gogo: Galicismo bastante amariconado —como casi todos los galicismos—. «Había famosos à gogo.» O sea, un asco.

À la dernière: «Vas "à la dernière".» Se traduce como «vas a la última (moda)». Esnobismo absurdo, lo que significa que hay esnobismos no tan absurdos.

À la manière de: Otro esnobismo, muy

utilizado en restaurantes de «nueva cocina». Mi amigo Pachi Azpizu, que es bastante bruto, pidió en cierto restaurante un lenguado hervido, porque andaba mal del cañerío. «¿Lo quiere simplemente hervido o "à la manière" de nuestro chef?», preguntó el *maître*. «Me da igual; pero como esté malo se lo va a comer su puta madre», aclaró Pachi Azpizu con toda la razón.

Allô: Manera insufrible de contestar al teléfono. Habitual del sexo femenino y de la clase alta. La persona que responde «allô» cuando la llaman por teléfono, es muy capaz de llamar a la manicura, «la manicure».

Antibaby: Llámase así a los anticonceptivos para suavizar sus resultados. «Mami, estoy esperando un niño.» «¿Te ha fallado el antibaby?» «No; me ha fallado la memoria, porque llevo tres meses sin usarlo.» Y claro está, a los nueve meses, el «baby».

Après-ski: Lo mismo que «après-esquí», o «después del esquí». Un auténtico suplicio.

Baby: Además de un niño, también puede ser un asco de delantalito que ponen a los niños para que les limpien los mocos. «Mira cómo te has puesto el "babi", criatura.» Pero al niño, afortunadamente, no le importa nada que le regañen por esas tonterías.

Business: Negocio. Término muy de

«yuppie». «¿A qué te dedicas, Manuel José» «Business.» Y se queda encantado.

Camping: Lo peor de lo peor.

C'est fini: Se acabó. «Maruja Reme; mañana te recojo a las ocho.» «No, Pedro Miguel. Ni a las ocho ni a las "ocha". Lo nuestro "c'est fini".» (Sólo en un caso como éste el agraviado puede exclamar: «*Merde!*».)

C'est la vie: Es la vida. «Maruja Reme, ¿por qué nuestro hijo es tan oscurito?» «"C'est la vie", Pedro Miguel.» (Lo tonto que es Pedro Miguel, y lo cursi y fresca que es Maruja Reme.)

Chachi: Buenísimo, estupendo. «La paella está chachi.» Expresión terrorífica.

Chic: De *shick*. Distinguido. «Es que Marce, tu señora, es muy chic.» Ustedes juzguen.

Chi lo sa: ¿Quién lo sabe? «Maruja Reme; me obsesiona lo del niño oscurito. ¿No te habrás acostado con un negro?» «¡"Chi lo sa", Pedro Miguel!» (Este Pedro Miguel cada vez es más idiota y Maruja Reme más putón.)

Comme il faut: Formal, como es debido. «Me ha encantado tu novio, Raquel Lorena. Es muy "comme il faut".» Traducción: «Tu novio me ha parecido un plasta, Raquel Lorena.»

La crème de la crème: Lo mejor de lo mejor. «Nosotros, los Sanz de Conejo, somos la "crème de la crème" de la provincia.» Y seguramente lo serán, depende, claro, de qué provincia.

Crescendo: Aumentando. «Xandra Sonia; mi cosa va "in crescendo".» «Pues ya puedes intentar que vaya "in diminuendo" porque está a punto de llegar mi madre.»

Darling: Querido. «¿De verdad me quieres, "darling"?» «Te quería.»

En petit comité: En pequeña reunión, en confianza. «He organizado una cena para el sábado en "petit comité". Seremos unos mil.»

Fifty-fifty: Al cincuenta por ciento. «Oye, Pedro Miguel, ¿tu eres tonto o imbécil?» «Me han dicho que "fifty-fifty".»

Gay: Homosexual. «Lolita Jennifer, ¿es verdad que Marino Ramón es un poquito "gay"?» «No sé si es un "poquito gay", lo único que sé es que es maricón perdido.»

Holding: Grupo empresarial. «Fíjate si me quiere Rubén Román que ha puesto el "fifty-fifty" de las acciones del "holding" a mi nombre.»

Interpol: Policía internacional francesa. «José Enrique, ¿tú sabes por qué llaman a mi mujer Maruja Reme *la Interpol*?» «Sí, Pedro Miguel; porque tiene en las tetas todas las huellas dactilares de Occidente.»

Jet-set: Alta sociedad internacional. «Nosotros, los de la jet-set...» (Lola Flores).

Jogging: Carrera individual o colectiva que lleva irremediablemente a la muerte súbita. «Todavía no me lo creo; esta mañana ha desayunado en "chandal" y se fue tan contento a hacer su "jogging". ¡Quién le iba a decir al pobre Paco Jesús que podía terminar así!»

KLM: Reales Líneas Aéreas Holandesas. «Tu novia, Cinthya Melania, tiene más horas de vuelo que la KLM.»

Ladies: Señoras. «Por favor, ¿me indica dónde está el váter de las "ladies"?» «Bajando las escaleras a mano izquierda, cochina.»

Limousine: Limusina, coche grande. «En Nueva York alquilamos una "muselina" alucinante.»

Malentendu: Malentendido. «¿Es usted el que dijo en público que yo tenía más cuernos que un "Victorino"?» «Usted se equivoca. Sin duda se trata de un "malentendu".» (Claro que fue él.)

Mignardise: Golosina. «Y para mí, de postre, unas miñardises de ésas.»

New look: Nuevo aspecto, nueva imagen. «¿Te gusta mi "new look"? «Sí, cariño.» «Pues dilo.» «De acuerdo, cariño.»

Nouvelle cuisine: Nueva cocina. Un timo y una cursilería. «¿Le apetecen unas rodajitas de percebitos a la vinagreta de la alta montaña con una ensaladita de kiwis cosechaditos en la huerta de mi tía Chon?» «Sí, por favor. Tienen que estar buenísimas.»

Off the record: Confidencialmente. «Y

todo lo que te he dicho ha sido "off the record".» «De acuerdo, lo publicaré mañana.» (Los políticos cursis siempre hablan «off the record» para que se entere todo el mundo.)

OK: Okay: Muy bien. «Gaudencio, la vaca está ya "okay" para que se la cepille el toro.» «"Okay", Liborio.»

Overbooking: Exceso. «Lo lamentamos señor, pero hay "overbooking" en el vuelo.» «Manuela, nos quedamos en tierra porque hay "overbooking".» «Menos mal; porque a mí volar con "Overbooking" u "OverBrookling" o lo que sea me produce un patatús.»

Panty: Medias pantalones: Bragas. «Josefa, me comería a mordiscos tus "pantis".» «Ay, qué bruto y qué internacional eres al mismo tiempo, Feliciano.»

Paparazzi: Fotógrafo indiscreto. «Mami, he citado a los "paparazzis" a las siete y veinte para que me sorprendan besando a Ricardito a las siete y media y me paguen tres millones por sorprenderme.» «Bien Chabeli, pero que no se confundan con mis "paparazzis" que vienen a las ocho y cuarto a sorprenderme jugando al paddle con los Cisneros.» «No mami, no te preocupes, que nuestros "paparazzis" son los mismos.» «Qué alivio, hija.» «Y que tú lo digas, mami.»

Parking: Aparcamiento. «Óscar Rubén:

no te olvides de abonar la "ticketa" del "parking" de la "marqueta" antes de tomar el carro.» (Muy de Miami y bastante de Caracas), lo que se traduce más o menos al español de la siguiente manera: «Óscar Rubén, paga la tarjeta del aparcamiento del supermercado antes de coger el coche.»

Party: Fiesta. En cristiano, «guateque con pretensiones».

Perlé: Perlado. Bordado a base de perlas. «Voy a ir lo más sencilla del mundo, con un traje de perlé.» «Pues no vayas.»

Planning: Planificación. (Muy de «yuppie».) «¡Dónde está el "planning" de "marketing" del "Holding"?» «Está "missing".»

Poché: Estrellado. «¿A usted le hacen los huevos "poché"?» «No, a mí lo más que me hacen es "tolón tolón".»

Quo vadis?: Adónde vas. Diálogo cartagenero: «¿Adónde vas?» «A "Quo Vadis".» «¿Y qué es eso?» «Adónde vas.»

Rentrée: Vuelta, retorno. «¿Me das un beso, Lucía Olga?» «Ahora no me apetece, Samuel Crispín; te lo daré después del verano, en la "rentrée".»

¡Sapristi!: ¡Caramba! o ¡coño! o ¡leches! o ¡joé! , o lo que sea, todo menos ¡sapristi!

Self-made man: Hombre hecho a sí mismo. «A mi hija Nuria Palmira siempre le han gustado los hombres "self-made man".» «¿Y por qué?» «Porque ella es una "self-made woman".»

Shocking: Desvergonzado, impactado. «Me has dejado "shocking".» «Y tú a mí "jodiding".»

Skyjama: Pijama basado en el traje del esquiador. «Lo más cómodo para dormir es un "esquijama".» Hay que romper inmediatamente cualquier relación con quien tal cosa diga.

Stress: Cansancio. «Lo siento, Dulce Nombre, pero debe de ser cosa del "estrés".» «Lo que tú digas, tigre mío, lo que tú digas.»

Sufficit: Es suficiente. «Lo siento, Dulce Nombre, pero te repito que esto es consecuencia del "estrés".» «¡Es "sufficit", osito, no te preocupes, que lo entiendo todo!»

Surmenage: Fatiga. «Te parecerá una disculpa, Dulce Nombre, pero es que tengo mucho "surmenage".» «Buenas noches, ratoncillo.»

Tête-à-tête: Cara a cara. «Y lo que me tengas que decir, me lo dices "tête-à-tête", Filomena.»

Timing: Programar fechas. (Muy de yuppie.) «Lo siento, Freddy, pero me ha fallado el "timing".»

Tot o res: Todo o nada. «Así que ya lo sabes, Cassandra, "tot o res".» «Pues "res".»

Vivos voco, mortuos plango, fulgura frango: Llamo a los vivos, lloro a los muer-

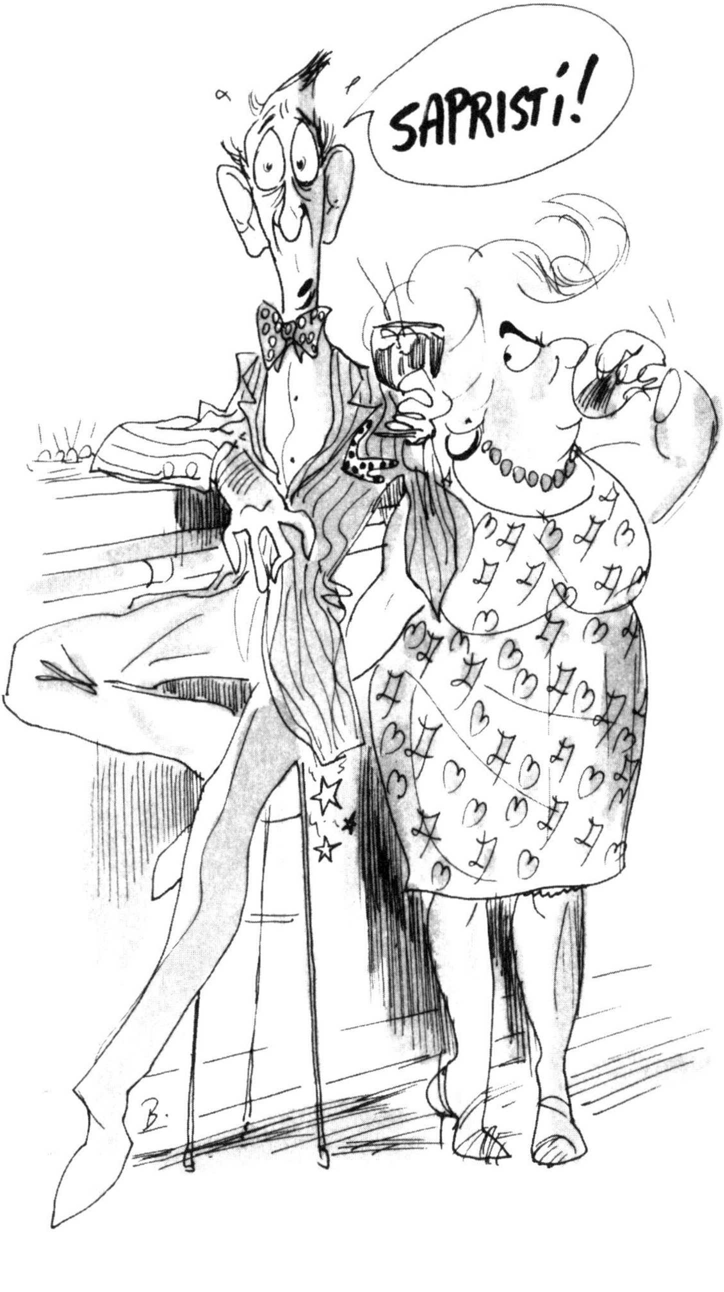
SAPRISTI!

tos, quiebro los rayos. El que diga una sandez como ésta o es un idiota, o está como una cabra.

Voilà: He aquí. «¿No querías caviar? pues "¡voilà!".»

Water: Retrete. «Me ha encantado tu "váter", Samantha.»

Week-end: Fin de semana o «finde». «Si no te importa mucho separarte de tu "váter" te convido a pasar el "week-end" en mi chalet de Torrevieja, Samantha.»

Yuppie: Joven deleznable que por ganar un duro es capaz de las mayores bajezas. Pero gana el duro.

Lección 27

EL TACO CAMUFLADO

Hablar con tacos y decir venablos está muy bien siempre que sea oportuno y no se sienta vergüenza por la oportunidad. El taco (repasar el primer tomo de este *Tratado*), además de sedativo, curativo y analgésico, es descriptivo y desahogante. Un gilipollas no es un tonto más o menos sublime, sino simplemente un gilipollas. Un tonto sublime es un tonto sublime, y no pasa de ahí. Y un gilipollas es un gilipollas y no retrocede de ahí. De todos los venablos, el más hermoso y espontáneo es «¡coño!», que abarca todas las necesidades y posibilidades expresivas. Un ¡coño! bien soltado es una delicia semántica y social. Un ¡coño! disimulado es una ordinariez inaceptable. Me refiero al ¡coñe! y al ¡coñi!

«No sabes cómo me duele la uña, coñe.» Pues que le duela más. «Estás muy pesado, coñi.» Me parece poco pesado. Y ya lo inaudito, lo impensable y lo depurable —incluso en patíbulo público— es «coñirri». «¿Qué tal la fiesta?» «Un poco "coñirri".»

Lo de «coñirri» no está, por fortuna, excesivamente extendido, pero todo se andará. «Alejandro José me parece "guachi piruli".» «Sí, pero si bebe se pone bastante "coñirri".»

«El padre de Alejandro José le ha comprado un "buga" de abuten.» (El padre de Alejandro José le ha comprado un coche buenísimo.) «Paso de él, porque con "buga" o sin "buga" es un "coñirri".» «Pues tú te lo pierdes, tía, porque a mí me sigue pareciendo "guachi piruli".»

Decir «coñe», «coñi» o «coñirri» es de tal gravedad, que quien lo pronuncia, al referirse al miembro masculino por excelencia, dirá «pene». Y si bien, según la Real Academia, el término «pene» es el adecuado, según la decencia plástica de la dignidad —plástica y estética—, lo de «pene» es una guarrada. Mejor «polla» que «pene», y muy bien «fuchinga». El «nabo» tampoco es aceptable, aunque sea objeto de amnistía en cuarteles y canteras. Diálogo de canteras. Un trabajador se apellida Nabo y el capataz le asigna su trabajo. Otro trabajador le sigue en demanda de las órdenes del capataz. «Usted vaya a cortar piedras con el Nabo.» «Lo siento, capataz, pero yo con el nabo no corto ni carne de membrillo.» Embarazoso en sumo grado.

A las cosas con su nombre completo y sin camuflajes. Se puede ser un cabrón, y un cabronazo, y hasta un cabroncete. Pero nunca un «cabrichuelo». Y «coñirri» es peor que «cabrichuelo». A ver si nos vamos enterando.

Lección 28

LAS FIESTAS DE DISFRACES

A las fiestas de disfraces no se puede ir disfrazado con entusiasmo. Cuando en mi juventud era requerido a alguna de ellas, mi disfraz era el de «judoka del Pireo», que paso seguidamente a describir. Me vestía de persona normal, llevaba la chaqueta en un brazo, me cubría con un gorrillo de soldado griego y me ajustaba la parte superior con un quimono, o como se llame, de judoka. Llegaba a la fiesta y a los cinco minutos me quitaba el gorrillo griego, me desprendía del quimono, o como se llame, me ponía la chaqueta y quedaba vestido como siempre, ante la envidia cochina de todos los bobos que iban disfrazados de beduinos, jefe siux, Napoleón Bonaparte o Luis XIV.
 Si ya el hecho de disfrazarse apunta la innecesariedad de la persona que lo ejecu-

ta, hacerlo —en el caso de un varón— de mujer colma todas las decepciones. Un tío que se disfraza de mujer, además de alimentar la sospecha, tiene muy mal gusto. Es el espejo de la falta de originalidad y de la ordinariez. Dicen los expertos —ignoro sus nombres— que las personas se disfrazan de lo que hubieran querido ser. Les voy a relatar una anécdota rigurosamente cierta y verídica.

A mi amigo Albi González Spencer, duque de Júcar, le había regalado su padre un Seiscientos, con motivo de su decimoctavo cumpleaños. Corría el año 1966, invierno crudo, y ambos habíamos sido invitados a una fiesta de disfraces en una hermosa casa del Madrid de los Austrias. «Como tengo coche, te recojo a las ocho y media en el portal de tu casa», se ofreció con su proverbial cortesía. «De acuerdo», le respondí aterrorizado.

A las ocho y media en punto —la puntualidad debe ser considerada una norma inalterable—, yo le esperaba vestido de «judoka del Pireo» en el portal de mi casa. A las ocho y treinta y dos minutos, adiviné en el horizonte de la calle de Velázquez la alegre marcha de un Seiscientos de color verde que se acercaba con decisión a mi querido hogar. En efecto, era Albi González Spencer, duque de Júcar, que al volante de su Seiscientos y disfrazado de ge-

¡¡ASESINO!!

neral de la Wehrmacht acudía a recogerme. La situación era más que embarazosa. Circular por Madrid en un Seiscientos que conduce con toda seriedad un general de la Wehrmacht no era un plato agradable. Pero la amistad es la amistad y los compromisos se cumplen, más aún, cuando el general había tenido la amabilidad de llegarse hasta mi casa para transportarme.

El general eligió el camino de la Gran Vía, y por ella zigzagueamos en pos de un tráfico aliviado. Pero a la altura del cine Avenida, el flamante Seiscientos se resintió en su andadura y tanto el general como yo nos convencimos de que se había pinchado una rueda. Inmediatamente, y para evitar sonrojos, me quité el quimono, me puse la chaqueta, dejé en el asiento el gorro de soldado griego, y me bajé del coche por la puerta derecha para comprobar si nuestros temores tenían fundamento. Y lo tenían. La rueda posterior izquierda estaba en situación comatosa. Se lo comuniqué al general, y éste, diligente y activo, puso pie a tierra y se afanó en buscar el gato para proceder al cambio de rueda. En ese instante, la gente salía de los cines, y concretamente del Avenida, donde se proyectaba una película de la segunda guerra mundial poco proclive a disculpar los horrores del Tercer Reich. Pónganse en su situación. Se pasa uno dos horas conviviendo con los siniestros nazis, se sale del cine con la impresión arañando el ánimo, y se encuentra uno, inesperadamente, con un general alemán cambiando la rueda de un coche. Estalló la ira. Yo mismo contribuí al estallido. Habíamos quedado que a pesar de negar por tres veces a Cristo, san Pedro accedió sin dificultad al rango de la santidad. Que yo, hijo amantísimo de mi señora madre, había renegado de ella durante la entonación, por parte de mi hacedora, de una Salve colegial en presencia de mis compañeros. ¿Tenía obligación de defender al general alemán? Mi respuesta fue rápida. No. Y no sólo eso, sino que para demostrar mis simpatías por los Aliados, el primer grito de «¡Asesino!» nació en mi garganta. Se salvó de milagro. Peligros y consecuencias de disfrazarse en serio.

En el año 1944, el genial escritor Edgar Neville, conde de Berlanga del Duero, ofreció una fiesta de disfraces a sus innumerables amigos. Asistió el «todo Madrid», como se decía en aquella época. Entre los invitados, una guapísima y atractiva señora, Casilda Guzmán El Bueno, recientemente casada con mi tío Francisco de Llodio. El disfraz de ella era el de sirena, con cola y todo, brillante y ajustadísimo. Una sirena digna de los mejores océanos. Pero se sintió indispuesta repentinamente, y el hecho llegó a conocimiento del anfitrión.

«¿Qué ha pasado?», se interesó Edgar. «Que Casilda Guzmán El Bueno se ha desmayado», le informaron. Entonces Edgar, ante el desmayo de la sirena, ordenó con energía: «Pues que llamen inmediatamente a las Pescaderías Coruñesas.»

Los disfraces no dan más que disgustos, son incomodísimos y nadie es tan tonto como para creerse que está ante Napoleón. Definitivamente, nunca hay que disfrazarse si no hay un motivo lo suficientemente fundamental para que se le encuentre una justificación.

Lección 29

FRASES QUE SE DICEN CON TODA NATURALIDAD EN DETRIMENTO DE LA NATURALIDAD

«Me he comprado en las rebajas una rebeca de lo más pochola.»

«Ya puedes ir poniéndote las pilas.»

«Mi cuñado falleció hace un mes.» «¿De qué?» «De nada grave.»

«*Sommelier*, este vino está *bouchonné*.»

«Yo soy monárquico de toda la vida. Fíjate si seré monárquico que mi abuelo se llevó un disgusto tremendo cuando se marchó Alfonso XIII.»

«Es un santo de comunión diaria.»

«No somos nada.»

«Hacía muchísimo tiempo que no me lo pasaba tan bien.» (Hacía muchísimo tiempo que no me aburría tanto.) Traducción literal.

«Lo mejor de este barco es que es muy

cómodo y nada aparente.» (El barco tiene treinta metros de eslora, dos palos, cuatro tripulantes y se llama *Neptuno de las tormentas*.)

«Estaba todo buenísimo.» (Frase hecha que se le dice a la señora de la casa después de una comida, con independencia de que estuviera o no buenísima. La comida, no la señora.)

«A mí lo que más me gusta de un Tàpies es la serenidad.»

«Es lo que más me podía gustar.» (Después de abrir un regalo que no hace ninguna ilusión.)

«Es que me pica mucho el vello del periné.» (Esta frase no la ha dicho nadie todavía. Se incluye en la relación para que nadie la pronuncie jamás.)

«No, no, claro, por supuesto. A mí Velázquez me encanta, pero para mi casa prefiero un Sorolla. Tiene como más luz.» (Esta frase sí la ha dicho una persona que conozco muy bien. Y me la dijo a mí.)

«Hasta ayer ha hecho un tiempo estupendo.» (Frase con la que saluda un lugareño del norte de España a un veraneante cuando se reconocen segundos después de haber chocado con sus respectivos paraguas.)

«A mí el caviar me gusta mucho, pero prefiero un buen potaje de lentejas.» (Esta frase sólo la emiten los nuevos ricos, para hacerse los populares, los llanos, o los graciosos.)

Conversación matrimonial informativa: «Pedro; Luz Fatimita ha tenido su primera regla.» «Nuestra hija es ya toda una mujer.»

«¡No sabes lo que he pensado en ti todos estos días!» (Frase que se le dice a una persona con desgracia familiar reciente y a la que se encuentra por la calle con inesperada inoportunidad.)

«Yo hago el acto con mi señora todos los días.»

Lección 30

LOS TRADUCTORES

En el tomo primero de este *Tratado* (15 ediciones y más de 150 000 ejemplares vendidos), el agudo autor arremete contra aquellos que sin averiguar el caudal plurilingüístico de su interlocutor, les suelta frases en otros idiomas, que posteriormente, y por si acaso, ellos mismos traducen. Esta costumbre es muy de diplomáticos y personas pertenecientes a la antigua clase dominante, que era la alta. Porque la clase dominante actual no se puede definir como «alta» bajo ningún concepto.

Los diplomáticos van más allá. Cuentan sus experiencias y sus anécdotas apoyados en conversaciones íntegras en otros idiomas. «Y entonces yo le dije al ministro consejero de Tailandia, que era encantador: *"Je suis completement en désaccord avec vous, mon ami Bhimadul; le ciel est le ciel et le firmament est le firmament.''* Entonces, Bhimadul, que era encantador como antes os dije, soltando una carcajada me respondió: *"Hélas! monsieur le ministre de l'ambassade de l'Espagne; Touché! La lune et les étoiles sont affaires distincts."* Y es que Bhimadul, el ministro consejero de Tailandia, era un tipo genial.» Y ante el estupor de todos, tras referir la graciosísima anécdota, el diplomático se troncha de risa. Y después la traduce al idioma de todos los presentes, y los presentes se ríen muy poco.

La contraofensiva popular y poco ducha en idiomas no se hizo esperar. Así, públicamente, y tras soportar una anécdota que no se entendía y que narraba en español-inglés el eficiente secretario de Embajada Manolito López Tramós, uno de los enervados asistentes se la celebró de esta guisa: «To came hell bollow, man hollow!» Extrañado por la expresión, que no entendía, el secretario de Embajada preguntó: «¿Cómo, qué dices?» «Te digo, to came hell bollow, man hollow!, que en cristiano y para que lo entiendas quiere decir ¡tócame el bolo, Manolo!, que hay que ser gilipollas para no comprenderlo.» Y Manolito López Tramós no volvió a contar anécdotas en idioma mixto.

En el *Diccionario Humorístico* de Jorge Sintes se incluyen una serie de traduccio-

NO HAY PROBLEMA, CIPRIANO!

nes al francés muy apropiadas para callar a los que hablan en francés-español.
Chef d'oeuvre: Capataz.
Petit journal: Salario insuficiente.
Il est très fier: Es una fiera.
Passe-partout: Persona muy tolerante.
Grand-mère: Océano Pacífico.
Pas à quatre: Pasar al catre.
Curaçao: Cura asado.
Des oeufs brouillés: Huevos enfadados.
Rez de chaussée: Reo descalzo.
Je l'accorde: Yo tengo la cuerda.
Être admise: Estar en misa.

Hecho verídico que a renglón seguido relato. Pónganse en situación. Mes de agosto en la década de los sesenta. San Sebastián y Biarritz. Una conocida señora viajaba de la capital donostiarra a la distinguida villa francesa en su coche, conducido por su chófer Cipriano —hoy Ciprián—. Pasada la frontera, y entre San Juan de Luz y Biarritz, el coche se paró. Cipriano no sabía nada de francés y la señora menos, como después se comprobará, aunque desconocía sus limitaciones. «Son las bujías, señora, que se han fundido.» «No hay problema, Cipriano; hacemos autostop, compramos las bujías en Biarritz, volvemos hasta aquí, usted las cambia y seguimos camino.» Y se pusieron a ello.

Ella en la calzada y con el dedo levantado era un espectáculo, y el primer camión que transcurría por allí detuvo su marcha. Ella era la encargada de entenderse en francés. «*Monsieur le conducteur. Je suis une dame espagnole et ce petit homme est mon chauffeur. Notre voiture a pinché des bujies et comme vous verá est estropeé. Vous será tan sympatique de transportons à mon chauffeur et à moi à Biarritz?*» El camionero asintió y les indicó que subieran a la cabina. Al verla tan pequeña de espacio, la señora le preguntó. «*Vous croyez que nous cabrons?* «*Oui, oui, madame* —confirmó el camionero—; *nous cojons.*» El camionero era español.

Saber idiomas es una maravilla. Dominarlos, más. Pero atosigar con ellos a los que no saben ni el suyo es un acto de provocación. En el caso de los que cuentan anécdotas en idioma mixto hay que exigirles la educación suficiente para preguntar previamente si los que escuchan entienden la otra lengua. En el caso de la señora y el chófer, porque su afán de hablar lo que desconocen lleva al engaño. El simpático camionero, seguramente, se creyó que hablaba y entendía el francés.

C'est la vie.

Lección 31

LOS NERVIOS SON ORDINARIOS

Dejarse llevar del nerviosismo en circunstancias extraordinarias es una ordinariez. Los nervios son decididamente ordinarios. «Perdone que no me exprese bien, pero es que estoy muy nerviosa.» Hay personas que por el simple y sencillísimo hecho de saludar a una personalidad más o menos relevante «se ponen nerviosas». ¿Por qué?, me pregunto yo. Se saluda y ya está. En las recepciones reales se advierten situaciones sólo limitadas por la imaginación. «Me he puesto nerviosísima al saludar al Rey. No sabía qué decirle» (afortunadamente para el Rey).

El contrapunto es la seguridad en sí mismo, la bella altanería que no se quiebra, la dignidad de lo solemne. El ejemplo que voy a poner pertenece a la Historia y cuenta con mi más rendida admiración hacia la actitud de un hombre y la grandeza de su persona. Cuando *el Tempranillo* dijo aquello de «El Rey mandará en España, que en la sierra mando yo», lo hizo sin tener al Rey delante. Así es muy fácil. Así cualquiera. Porque con el Rey a dos pasos de distancia, *el Tempranillo* se habría quitado la gorrilla de bandolero y hubiera enmudecido. Mi personaje, no.

Mi personaje se llamaba Manuel Carneiro Pacheco, y era portugués. Gran dignidad la de los buenos portugueses. Además de no se sabe qué cargo en la orden de Malta, don Manuel era un máximo dirigente de la empresa que fabricaba los fósforos en Portugal. Y fue recibido por Su Santidad el Papa Pío XII que, de niño, de joven, de mayor y hasta que fue elegido Papa, se llamaba Eugenio Paccelli.

Ante el Papa, una persona ordinaria «se pone nerviosa». Un gran hombre como Carneiro Pacheco, no. Al revés, el que casi se puso nervioso fue el Papa. Acudió a la audiencia Carneiro con su mejor uniforme, sus brillantes condecoraciones y su grandeza interior. Cuando Su Santidad apareció ante su vista, don Manuel se arrodilló lenta y serenamente y besó el anillo papal. Cumplido el rito respetuoso del protocolo, se incorporó, y mirando fijamente a los ojos del Papa, le dijo: «*A os pies de Vostra Santidade; Vos sois Paccelli, y eu soy Pa-*

checo; Vos sois Cordeiro, y eu soy Carneiro; y Vos sois la Antorcha que ilumina a o mondo, y eu soy conselleiro delegado da Fosforera Portuguesa.» Muy pocas personas en el mundo merecen el homenaje de agradecimiento a su soberbia dignidad que se ha ganado el gran señor Carneiro Pacheco. Que no le falte en este *Tratado de las buenas maneras,* de las que él ha demostrado ser un bastión irreductible. Admiremos al unísono a tan inconmensurable hombre.

Lección 32

EL CONJUNTO PARROQUIAL

Respeto la libertad de los seres humanos para elegir el camino de su salvación eterna. Las buenas maneras no están reñidas con la bondad, aunque a veces las relaciones resulten, cuando menos, comprometidas y tirantes. Ser bueno está muy bien, pero ser «buenísimo» no es nada distinguido. La gente «buenísima» suele ser muy aburrida, así en la tierra como en el cielo. «¿Señores de Frapa Tintoré?» «Sí, aquí es.» «¿Está Ángela Pura?» «No, lo siento, no se encuentra en casa.» «¿Me podría indicar dónde la puedo encontrar?» «En estos momentos está ensayando con el conjunto de la parroquia.»

La polifonía religiosa es una delicia para la sensibilidad humana. Pero los conjuntos parroquiales compuestos por afanosos parroquianos empeñados en salvar sus almas cantando para los demás no son tolerables. Esos grupúsculos, normalmente dirigidos por una monja vestida de mesa camilla, sacan de quicio a la buena gente que acude los domingos a la Santa Misa. No me refiero al buen coro, el órgano bien tocado y la música bien compuesta. La unión de esos tres elementos es una maravilla. Me ocupo de los conjuntos guitarreros, muy de «somos más nosotros si estamos junto a Ti», muy de la nueva Iglesia progre, muy del sacerdote que se hace tutear y llamar por su nombre de pila, muy de «realizarse mediante el acercamiento» y todas esas bobadas. Esos conjuntos hacen más daño a la Iglesia que Mefistófeles, Judas Iscariote, Lutero y Matilde Fernández juntos.

¿Por qué todas las personas «buenísimas» quieren «realizarse»? ¿En qué consiste la «realización»? ¿Tocar mal la guitarra, tener voz de conejo impertinente y seguir los compases que marca una monja reivindicativa-social supone «realizarse»? ¿Se puede presumir de «ser amigo o amiga de X porque tocamos juntos en el conjunto de la parroquia»? Uno de los grandes secretos divinos es precisamente el de no entender la falta de interés hacia la protesta que demuestra Dios en múltiples ocasiones. De haber desarrollado ese sentido, Dios estaría todo el día protestando por el mal uso que de su nombre hacen los conjuntos musicales de las parroquias. La Iglesia no puede permitirse el lujo de caer en la horterada fácil. Se cargaron la solemnidad necesaria, se cepillaron el latín, abandonaron la buena música, se acercaron mediante el tuteo a la feligresía y ahora nos invaden de guitarras parroquiales. La Iglesia, como la humanidad, necesita gente buena, no «buenísima». La gente «buenísima» es altamente perjudicial. Si Ángela Pura quiere ir al cielo por pertenecer al conjunto musical de su parroquia, hay que advertirle muy seriamente de que no lo va a conseguir. Porque Dios no protesta, pero su buen gusto prevalece. Y para la gente «buenísima» tiene preparada una nube eterna, atiborrada de conjuntos parroquiales y en la que todos terminan zumbados de chochez.

Pero no se enteran.

Lección 33

EL MERCEDES BLANCO

«Por sus coches los conoceréis», dijo en cierta ocasión un joven y apuesto escritor de larga nariz y abiertas orejas. Y no quiero dejar pasar la oportunidad de felicitarle muy sinceramente por su agudeza. Gran observador el joven y apuesto escritor. Magnífico tipo. Me encantaría conocerle para poder estrechar su mano y manifestarle mi honda admiración. Tiene que ser un hombre encantador y sencillo. Lo malo es que ante él, quizá —no lo creo— «me pondría nervioso».

Los coches son la continuación de sus dueños. Y entre todos los coches, todas las continuaciones y todos los dueños, se llega a una conclusión tan valiente como irrebatible. No hay un coche más hortera que el Mercedes blanco, exceptuando, claro está, al Mercedes blanco descapotable.

Para ser el propietario de un Mercedes blanco, con o sin capota, hay que empeñarse. Los coches Mercedes son, sin duda alguna, de lo mejorcito del mundo. Pero la empresa Mercedes tiene la buena costumbre de ofrecer a sus clientes todas las características, artilugios, variaciones y posibilidades para que éstos obtengan el coche perfecto a la medida de sus gustos y pretensiones. Es muy difícil salir a la calle y volver a casa con un Mercedes blanco. Para ello hay que visitar al concesionario, rellenar un amplio formulario, elegir el modelo, contratar los aditamentos encaprichados y, dentro de una gama variadísima, seleccionar el color. «¿De qué color lo quieres, Teresa Estrella?» «Blanco, por supuesto, mi amor.» «Pues ya está, amigo mío —le dice el amor de Teresa Estrella al vendedor mientras afloja unos cuantos millones—, la señora lo quiere blanco.» Y claro está, tres meses después llega el Mercedes blanco.

La descripción que hizo Grover Whalen de su amigo el duque de Friedmon —«iba discretamente vestido con unos pantalones naranjas»— ha perdido todo su vigor con el paso de los tiempos. Si Grover Whalen viviera actualmente hubiera escrito: «Iba discretamente despeinado al volante de un Mercedes blanco descapotable.» Tener un Mercedes es un sueño compartido por millones de seres repartidos entre los cinco continentes —incluido Piquillo, el continente de los pimientos—. Un Mercedes es un coche sensacional, un lujo de la técnica, una maravilla creada y perfeccionada por la imaginación del hombre. Pero es mucho más respetable no tener un Mercedes a poseer uno de color blanco y descapotable. El detalle es tremendo y no admite vuelta de hoja. Hasta en Palm Beach sorprende por hortera. Si lo tiene y no quiere que sus hijos y nietos se lo reprochen post mórtem, proceda a venderlo. Inmediatamente.

Lección 34

VACACIONES Y SEMANA SANTA

Uno de los mayores tributos que la modernidad rinde a la ordinariez es el de las vacaciones. Las vacaciones son altamente nocivas para la salud y el sosiego. Las vacaciones, que se han inventado como cimiento del descanso, son agotadoras, y cuando realmente descansa el que se toma unas vacaciones para descansar, es en el retorno, en la vuelta a casa. Un sabio de esos que dedica su vida al hallazgo de una frase —siempre que ignoro la identidad del sabio acostumbro a atribuir la genialidad a Bernard Shaw— dijo en cierta ocasión —Bernard Shaw, por supuesto— que «las vacaciones es un período durante el cual la gente descubre cuáles son los lugares que conviene evitar el año siguiente». Porque está claro que unas buenas vacaciones tienen que ser cómodas, distantes, apacibles y caras. Y está más claro todavía que todo aquel ciudadano que pueda disfrutar de unas vacaciones cómodas, distantes, apacibles y caras no necesita las vacaciones para nada, porque las puede coger en cualquier mes o estación del año. Es el menesteroso, el honrado trabajador, el hombre de la medianía social, el que sufre continuamente con unas vacaciones que, inevitablemente, le traicionan. Hasta los pobres de los semáforos —lo que demuestra que no son tan pobres— descansan vacacionalmente. Lo contaba el inolvidable Manolo Summers. En un semáforo en rojo de Madrid se le acercó un pobre que no era el pobre habitual. Manolo se lo comentó: «Usted no es el pobre de siempre, no es mi pobre.» El nuevo indigente le confesó a Summers la verdad: «No señor, el pobre de este semáforo es mi hijo, pero me ha dicho que ocupe su lugar mientras él se toma unas vacaciones.»

Ahora, como estamos en tiempos de crisis económica, se ha puesto de moda el Caribe. Todo el mundo va al Caribe o vuelve del Caribe. El Caribe carece de secretos y sus múltiples variaciones de mosquitos están plenamente felices. En las islas Baleares —por poner un ejemplo cercano—, hay playas y calas tan hermosas o más que en el Caribe, menos tiburones y barracudas que en el Caribe, menos mosquitos que en

HEMOS DESCANSADO UNA BARBARIDAD...

el Caribe y muchísimos menos horteras españoles que en el Caribe. Y subrayo el padecimiento de los inocentes, dulces y azules mares caribes porque son el destino exótico-común preferido de los españoles. Así, los que antes iban al Caribe ahora han escapado a las islas Seychelles, que también están abarrotadas de turistas españoles, con gran incidencia de catalanes. Caribe o Seychelles es una disputa que no tiene sentido. Lo que tiene sentido es quedarse en casa.

Bernard Shaw dijo también: «La Semana Santa es una semana que antes daba mucho de sí y ahora, en cambio, da mucho de no.» Recuerdo que las Semanas Santas de mi modélica infancia eran poco menos que interminables. Los ingleses dicen que no hay nada más largo en el mundo que un domingo en Londres. Es evidente que los ingleses que tal cosa dicen, o dijeron, no han conocido una auténtica Semana Santa en España, con el sermón de las Siete Palabras del padre Laburu incluido.

Mi añorado amigo Fifo Huellín de Nácar, que vivía todo intensamente, tenía el pelo castaño oscuro el Martes Santo y amaneció con canas el Domingo de Resurrección. Falleció, claro está, el Lunes de Pascua, prematuramente envejecido a los dieciséis años de edad y a consecuencia de un cólico hepático producido por la ingestión de un enorme huevo de chocolate que le había regalado su tío Lolo. Pero ahora es al revés, y todo pasa como un suspiro. Mientras se hacen las maletas y se efectúa el traslado han transcurrido dos días. Se necesitan veinticuatro horas de adaptación al horror de sentirse fuera del hábito. Ya han pasado tres días. El cuarto día es el de la insolación, la herida en el pie producida por un coral o el ataque del tiburón blanco, que desgraciadamente se produce muy de cuando en cuando. El quinto se pasa en la cama, entre tiritonas y cagaleras, espasmos y correntíos. El sexto marca la víspera del viaje de vuelta, la despedida del lugar elegido para no visitarlo nunca jamás, el frenesí de las compras de última hora y, normalmente, la sumisa colaboración con el timo o la estafa del lugareño. Y el séptimo día, que es el que Dios determinó para el descanso, es el del viaje, la llegada a casa, el cambio de horario, la maleta perdida, el agobio total y el derrumbamiento anímico. «Hemos descansado una barbaridad», le comenta el moribundo viajante al estable portero de la casa. «Nos venía muy bien cargar las pilas», confirma la agonizante esposa del moribundo con una expresión que no superaría ni Aurora Bautista representando el papel de María Magdalena.

«Necesitar de unas vacaciones» es, en

157

principio, una ordinariez. No sirve la justificación de «cambiar de aires» ni eso de que «viajar da mucha cultura». Tampoco la excusa de «cambiar de clave mental». Un individuo que se atreva a decir en público que precisa con urgencia de un cambio de clave mental, además de un infame mentiroso es un cursi. La Semana Santa, que antes se usaba para rezar un poco, se ha convertido en un desbarajuste frenético que separa a las buenas familias, arruina sus economías y alegra sobremanera a los mosquitos del Caribe, que se ponen las botas saltándose el obligatorio ayuno con la sangre española.

Hay que buscar el término medio, que es siempre el correcto y deseado. Tampoco es aceptable una Semana Santa de cilicio y flagelo dorsal. Mi añorado amigo Fifo Huellín de Nácar, muerto prematuramente a los dieciséis años por un envejecimiento súbito de Semana Santa y una dosis excesiva de huevo de Pascua, era tan intenso y tan pesado que un año antes de su óbito, también en Semana Santa, se rompió una pierna vestido de centurión romano. Se la rompió al tropezar en plena carrera de huida perseguido por un furioso san Juan, el discípulo amado, que recibió un latigazo imprevisto y ajeno al guión del centurión de marras. Porque si hay algo menos elegante que ir al Caribe en

Semana Santa es participar en «pasiones» vivientes y representadas por actores aficionados. Fifo Huellín de Nácar fue Niño Jesús en un Nacimiento viviente con seis meses de edad, pastorcillo de Belén cuatro años consecutivos, sobrino del Cirineo en un recorrido del Calvario, y ya finalmente, centurión romano con látigo. Lo malo es que se emocionó, usó el látigo, le arreó al pobre discípulo amado san Juan, éste se desentendió de todo, llamó «cabronazo» a Fifo, y la cosa terminó en rotura de una tibia.

Rezar no está mal. Se puede rezar perfectamente sin romper el perfil de la dignidad siempre que no se haga con temblorosos movimientos de labios. Las personas que mueven mucho los labios al rezar suelen ser beatas, y las personas beatas no son de fiar. Al menos, no son de fiar desde las buenas maneras. Insisto que nada mejor que quedarse en casa.

A todo aquel lector creyente le pido una oración por el pesado de Fifo Huellín de Nácar, que murió un año antes de cumplir su sueño. Ser Pilatos en la pasión viviente del pueblo donde sus padres tenían una finca.

Lección 35

SER NORMAL NO ES NADA FÁCIL

Todo individuo, de la raza que sea, con la edad que tenga y al sexo que pertenezca, está inevitablemente inclinado hacia la horterez y la cursilería. Miente el que afirma que en las sociedades primitivas la cursilería no existe. Lo que no existe es la palabra y el concepto, que es muy diferente. Los bailes rituales son profundamente cursis, y si los indios yamomamis tuvieran la opción de elegir el escenario de sus fiestas, se desmoronaría la teoría de su inmunidad contra lo cursi. A un yamomami se le ofrecen los Salones Las Vegas, Bodas, Bautizos y Banquetes, y los Salones Las Vegas, Bodas, Bautizos y Banquetes se llenan de plumas, lanzas, pinturas y demás artilugios propios de la Amazonia. El áspero saludo entre dos jefes comanches es de una horterez supina y las muestras de alegría de una familia de esquimales cuando celebran en su iglú el nacimiento de un reno no se pueden tolerar. La artesanía popular es un compendio de cursilería limitado sólo por la difusión de cada cultura. Esos grandes platos de cerámica de Talavera con el escudo de las familias tiene sus versiones allá donde uno vaya. Y no hablemos del folclore, del ceremonial culinario y de las letras de las canciones. Todos los pueblos del mundo caen por inercia en el mismo error.

Dice Víctor Márquez Reviriego que un amigo suyo afirma que no se puede ser elegante si se baila una danza regional. Estoy completamente de acuerdo con él, si él, a su vez, acepta una excepción. El «gopak» ruso, el baile de los cosacos. El mundo y sus naciones están divididos en comarcas, regiones y pueblos. En todas partes cuecen habas y hay «lagarteranas» dispuestas a todo. Una sardana compartida por mil personas entusiastas es una ordinariez colectiva, como el «aurresku» del vasco, la «sevillana» a destiempo, la muñeira frenética después de la ingestión de pulpo, la «jota» patriótica o el zorondongo insular. En este sentido hay que reconocer el daño que hicieron los «Coros y Danzas» de la Sección Femenina. La fiesta popular no es «bien». La verdad es que toda fiesta, sea popular o no, es «mal». Excepto la de los

SER NORMAL NO ES NADA FACIL!

cosacos, ya sean del Don o del Volga. El «gopak» ruso, además de bellísimo y trepidante, procura a sus practicantes un tono de agilidad que se distingue del resto de agilidades con un simple golpe de vista. Se aprecia, sobre todo, en los movimientos que se efectúan al salir del coche. Una persona que dance el «gopak» abandona el automóvil con una soltura que no es capaz de soñar la que desconozca este ritmo. Por eso sale la gente tan mal de los coches, que a veces hasta da vergüenza.

Así pues, y para ser una persona normal y decente, se precisan como mínimo los siguientes requisitos: no levantar el dedo meñique cuando se agarra la taza de café; no llevar zapatos de rejilla en los meses caniculares. Jamás reconocer, tanto en público como en privado, que se va o se viene del «váter», y menos de «hacer de vientre» o «hacer de cuerpo». En las cacerías, sean de perdices o monterías, hay que evitar la jerga cinegética y hablar como si se estuviera en la ciudad. Decir que «el macareno ha roto por el sopié» es una bobada. Y desde luego, jamás se puede ir vestido todo de verde para camuflarse entre las encinas. Los taxis y los catarros no se «pillan» se «cogen», y a la gente se le sorprende en un renuncio, pero no se la «pilla» jamás. Una persona que ante una bella mentira grita ofendida un «¡Te pillé!»

está predestinada a gritar «¡Viva los novios!» en una boda, arrojar arroz al paso de la novia y aplaudir cuando los lechuguinos parten la tarta con un sable de fragua toledana. Estas mismas personas, en invierno, se abrigan con «gabanes» y se ponen las zapatillas a cuadros —las puloflas— cuando llegan a su casa después de trabajar. Estas mismas personas, llevadas de su elemental ordinariez, se enojan, en lugar de enfadarse, y se apenan, en vez de entristecerse. Estas mismas personas no regalan y sí obsequian, no se acuestan en la cama y sí en el lecho, orinan en perjuicio de hacer pis y se les ponen los vellos en punta ante cualquier impresión. Estas mismas personas van a las playas con bañadores y no trajes de baño, y refiriéndose a los niños lo hacen como chavales, cominos, críos, pitufos, chiquillos o renacuajos. Estas mismas personas, peligrosísimas para la convivencia social, tienen perros que muerden cuando no deben morder, gatos que huelen a gato y padecen de almorranas. No es delictivo padecer de almorranas, lo delictivo es reconocerlo. Estas mismas y tremendas personas tienen hijos «que no les comen» bien y «que les duermen» muy mal, se sofocan hasta el soponcio, mastican con la boca abierta, sorben ante una sopa, y parten los bollos con cuchillo y tenedor. Estas mismas y deplorables personas se quitan la americana en lugar de la chaqueta, celebran el día de la Madre, califican de «interesante» o «divertida» a una ensalada con kiwi y pimientos de piquillo y en las colas de las tiendas y mercados piden y dan «la vez». Estas mismas personas, en un lugar recoleto y bien terminado, no dudan en comentar que «parece una bombonera», que todo es alucinante —en colores o blanco y negro—, y en el coche —Mercedes blanco descapotable o Range Rover de urbanización—, han instalado un fax.

No es fácil ser normal. A todo esto hay que añadir el espíritu y la letra de los más de treinta capítulos de este segundo tomo del *Tratado de las buenas maneras*, y coincidirán conmigo que ir por la vida con la cabeza muy alta es prácticamente imposible. Es más, y para demostrar el grado de sinceridad del autor, me es gratificante reconocerles que en algunos aspectos —muy matizados, eso sí—, el propio autor ha derivado hacia la cursilería, como el día que se emocionó hondamente, hasta el punto de no controlar ni el mentón ni las lágrimas, durante la entonación de un «zorcico» evocador de la infancia donostiarra.

Es muy difícil sentirse lo suficientemente limpio como para tirar la primera piedra. Así lo explica la Biblia. Me niego a contravenir sus mensajes. Pero ello no impide que desde una postura imparcial y puramente botánica, el autor haya intentado advertir a sus semejantes que así no podemos seguir. Que o cambiamos o todo se va al garete. Aplicando los consejos que se contemplan en los dos tomos de esta magna obra, la humanidad —o sea España y los españoles— protagonizaría un cambio fundamental hacia lo positivo. Tenemos que dejar de ser tan cursis, tan horteras y tan ordinarios. Y no lo digo por mí, que estoy decidido a ello. O como se dice ahora, «superdecidido». Que Dios nos ilumine a todos y les conceda a ustedes fuerzas para mejorar.